BIEN CHOISIR SON SÉJOUR LINGUISTIQUE POUR APPRENDRE L'ANGLAIS

Pierre COUTURIER

Diplômé de Sciences Po Bordeaux, professeur d'anglais en lycée et chargé de cours dans l'enseignement supérieur de 2003 à 2013, Pierre Couturier est l'auteur de nombreux ouvrages d'anglais et dirige ASL Formations Linguistiques : www.asl-linguistique.com.

SOMMAIRE

Introduction

Avant de prendre la direction d'ASL Formations Linguistiques, j'ai été professeur d'anglais de 2003 à 2013 : j'ai enseigné la langue de Shakespeare en lycée, à l'université et auprès d'adultes en formation. C'est la raison pour laquelle ce livre ne s'intéressera qu'aux séjours linguistiques dans les pays anglophones. J'ai été durant toutes ces années le conseiller et le confident naturel de nombreux jeunes et de leurs parents, d'étudiants et d'adultes qui venaient me demander des renseignements sur leur projet de séjour linguistique.

En tant qu'enseignant, j'étais malheureusement aux premières loges pour connaître de l'intérieur toutes les faiblesses du système scolaire en matière d'enseignement des langues étrangères[1]. Si l'évaluation des compétences orales au baccalauréat entrée en vigueur après la réforme du lycée est une bonne chose, tout comme l'essor des cursus universitaires internationaux et la récente reconnaissance officielle de « l'année de césure », il reste de nombreux points à améliorer à tous les niveaux :

- l'enseignement des langues en primaire reste très inégal et les professeurs des écoles n'ont pas accès à une formation digne de ce nom pour pouvoir former leurs élèves ;
- les conditions d'enseignement dans le second degré restent insuffisantes, avec des classes trop chargées pour réellement faire parler les élèves ;
- l'accès aux dispositifs tels que les sections européennes ou internationales est lui aussi très inégal ;
- l'avenir des sections bi-langues semble incertain ;

1. Caroline Beyer, « Enseignants et parents jugent l'enseignement des langues peu efficace », Le Figaro, 26 novembre 2015 (http://www.lefigaro.fr/actualite-france/2015/11/26/01016-20151126ARTFIG00006-enseignants-et-parents-jugent-l-enseignement-des-langues-peu-efficace.php)

• dans l'enseignement supérieur, l'enseignement de l'anglais se limite souvent à un TD hebdomadaire alors que c'est la langue officielle des publications dans le secteur de la recherche et qu'il faut encourager des cours en anglais ;
• l'usine à gaz de la formation continue ne permet pas à tous les professionnels qui le souhaitent de suivre une formation en langue, faute d'informations précises sur les droits à la formation continue et surtout faute de financement...

J'ai toujours pris un réel plaisir à aider mes interlocuteurs à préparer leur projet et c'est à force de parcourir les brochures, les sites Internet et en recueillant ensuite les témoignages des participants une fois revenus en France que j'ai pris conscience de la nécessité d'être encadré par des professionnels dans un secteur en perpétuelle expansion. Alors que ma décision de démissionner de l'Éducation nationale mûrissait un peu plus chaque jour, j'ai décidé de me rapprocher d'un organisme de séjours linguistiques car je considérais que ma connaissance de la langue et de la culture anglaise et américaine, mes nombreux voyages aux États-Unis (où je réside à présent une partie de l'année), ainsi que mon expertise pédagogique pourraient me permettre de renseigner efficacement mes clients et de bien les conseiller dans leurs choix. En 2013, j'ai donc cessé d'enseigner pour devenir le responsable pédagogique d'ASL, organisme dont j'assure à présent la direction.

On pourra me reprocher d'utiliser ce livre pour mettre en avant cet organisme en particulier ; on reconnaîtra cependant que j'y présente simplement des faits de manière objective et plusieurs types de séjours présentés dans ce livre ne sont pas proposés par ASL. Le reproche sera facile et je m'y attends. J'aurais donc pu écrire ce manuel sous un faux nom, mais ce serait alors un bien mauvais départ pour un livre qui se veut sans langue de bois, concret, utile et qui cherche à apporter toute la transparence nécessaire aux nombreux participants qui, chaque année, partent en séjour linguistique ou y envoient leurs enfants.

Le séjour linguistique a une réputation à deux visages : expérience exceptionnelle sur le plan linguistique, culturel et humain pour les uns, arnaque scandaleuse pour les autres. Il suffit de parcourir les forums pour lire des témoignages parfois édifiants... tellement édifiants qu'ils m'ont interpellé et m'ont précisément donné envie d'écrire ce livre.

Mon objectif est très clair :
• vous convaincre qu'il est vital de passer par une agence de séjours linguistiques française qui connaît son métier, qui vous fait signer un contrat de droit français qui vous apporte toutes les garanties auxquelles vous pouvez prétendre ;
• vous aider à bien lire les informations présentées dans les brochures et sur les sites Internet ;
• vous aider enfin à déjouer certains pièges.

À la différence d'une école de langues qui disposerait d'un bureau de vente du même nom en France et qui ne vendrait donc que les séjours proposés par l'école, l'agence de séjours linguistiques est indépendante : c'est elle qui choisit les programmes qu'elle décide de revendre, parce qu'elle les considère sérieux et parce qu'elle juge qu'ils correspondent aux besoins de ses clients.

Le fait de passer par une agence de séjours linguistiques est aujourd'hui une réalité bien établie. En 2014, l'ALTO (*Association of Language Travel Organisations*) a réalisé une vaste enquête auprès de 304 écoles de langues à travers le monde. Le rapport[2] qui en est sorti indique ainsi que 85 % des inscriptions réalisées dans les écoles de langues proviennent d'un organisme de séjours linguistiques, alors que 9 % des inscrits seulement ont préféré s'inscrire en ligne directement auprès de l'école et que 6 % des inscrits sont

2. The ALTO Deloitte Language Travel Industry Survey 2014. https :c.ymcdn.com/sites/altonet.site-ym.com/resource/resmgr/Docs/The_ALTO_-_Deloitte_summary_.pdf.

des personnes qui, déjà sur place, se sont présentées dans l'école d'elles-mêmes.

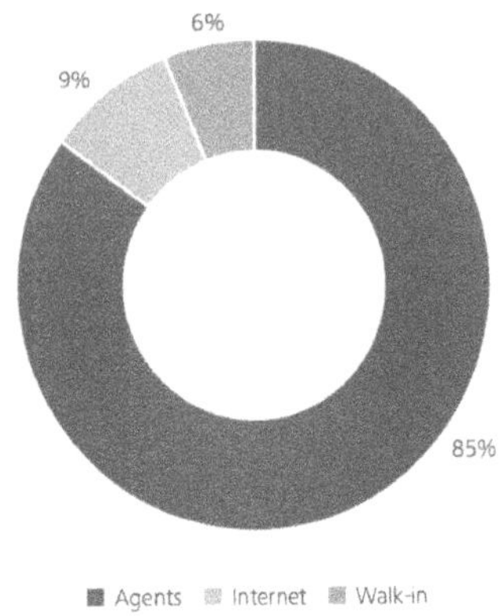

L'offre dans le domaine des séjours linguistiques est aujourd'hui très importante. Cela s'explique doublement par une volonté de découvrir une culture étrangère, de pratiquer une langue « en contexte », d'être capable de mieux s'adapter à des différences culturelles, de préparer son avenir ou une promotion, mais aussi par les résultats limités de l'enseignement des langues en France.

Partir en séjour linguistique lorsqu'on est jeune, étudiant ou adulte, c'est donc s'offrir une expérience qui doit être profitable, utile, formatrice et donc « rentable » dans tous les sens du terme. Qu'on le veuille ou non, le séjour linguistique reste un produit de consommation : il y a le packaging (la brochure, le site Internet), il y a l'argument de vente, le prix, mais aussi et surtout les ingrédients. Parce qu'une brochure est superbe, colorée, moderne, mettant en avant un iPad ou je ne sais quel outil branché, les programmes qu'elle présente sont-ils nécessairement sérieux ou bien ne s'agit-il pas au contraire d'un écran de fumée ?

Nous avons tous pris l'habitude de lire les informations nutritionnelles des produits alimentaires que nous consommons et nous avons pris l'habitude de lire ce qui est écrit en petits caractères en bas de l'étiquette... Il est nécessaire de faire exactement la même chose lorsqu'on veut partir en séjour linguistique.

Dans ce secteur, comme dans beaucoup d'autres, il existe différentes gammes de produits et de services et, bien souvent, le prix est proportionnel à la gamme du séjour et aux services proposés. Un niveau de prestations standard ne signifie pas que le séjour ne va pas bien se dérouler : il faut simplement comprendre qu'on ne peut pas en attendre les mêmes résultats qu'un séjour haut de gamme. De la même manière, lorsqu'un séjour considéré comme « cher » ressemble à un autre séjour « moins cher », c'est sans doute parce qu'il ne propose pas les mêmes prestations : tout est écrit noir sur blanc sur le site Internet ou dans la brochure des organismes, et c'est là qu'il faut bien regarder.

Bonne lecture et, je l'espère, bon séjour.

Pierre Couturier

1. Choisir un organisme

Une personne qui souhaite partir en séjour linguistique dispose aujourd'hui d'un choix impressionnant. Certains diront que c'est une garantie d'équilibre pour maintenir des prix « justes », d'autres diront qu'il devient très difficile de s'y retrouver :

- sites officiels des organismes de séjours linguistiques ;
- sites des fédérations de séjours linguistiques ;
- sites de conseils rédigés souvent par des professionnels ou parfois par des personnes qui n'ont aucune connaissance ni compétence dans ce secteur ;
- et surtout forums qui recueillent des témoignages ou des conseils, parfois édifiants. C'est sans aucun doute la dernière source à prendre en compte lorsqu'on cherche à se documenter sur les séjours linguistiques :

« On trouve facilement des avis sur Internet. Sont-ils un bon moyen de se faire une idée ? Non, ils ne sont pas fiables. Ils peuvent découler d'une technique commerciale de la part de l'organisme ou alors un fou furieux a pu exagérer. Le piège, c'est de trop se fier aux autres. Ce qui a pu correspondre à l'un ne va pas forcément plaire à l'autre[1]. »

Devant ce flot d'informations, comment faire les bons choix ? Il y a en réalité plusieurs questions à se poser qui sont des préalables indispensables.

1. Thibault Petit, « Comment choisir son séjour linguistique ? », Le Monde, 18 février 2015.

Les informations indispensables pour reconnaître un organisme officiel

Les fédérations professionnelles

La première chose à vérifier lorsqu'on cherche un organisme de séjours linguistiques, c'est s'il appartient ou non à l'une des deux fédérations professionnelles officiellement répertoriées en France.

L'Union nationale des organisations de séjours éducatifs, linguistiques et des écoles de langues (UNOSEL)

L'Union nationale des organisations de séjours éducatifs, linguistiques et des écoles de langues (UNOSEL)[2] a été fondée en 1978 et regroupe aujourd'hui plus de 60 organismes : c'est donc la principale fédération professionnelle dans le secteur des séjours linguistiques et la plus ancienne. Elle est accréditée par la FELSA (*Federation of Education and Language Consultant Associations*[3]), qui regroupe les fédérations nationales de différents pays. L'ambition du label UNOSEL est clairement définie :

« UNOSEL a pour ambition, par son action dans les domaines de l'éducation et de la formation tout au long de la vie, de permettre à chacun de s'intégrer et de s'épanouir dans une société aujourd'hui mondialisée, et d'en relever les défis.

« Les organismes qui adhèrent aux valeurs de l'UNOSEL s'investissent pour que jeunes, adultes et professionnels appréhendent mieux le monde au travers de leurs comportements individuels, de l'exercice de leurs talents et de leur pratique des langues, atouts qui contribuent à l'ouverture aux autres et aux autres cultures.

---

2. www.unosel.org.
3. www.felca.org/.

« Des missions qui rassemblent les organismes de l'UNOSEL :
« • Faire grandir et contribuer à l'éducation des jeunes par les voyages, par les langues et par les loisirs éducatifs.
« • Développer la maîtrise des langues et la connaissance des cultures pour les adultes.
« Confier l'organisation d'un séjour ou d'une formation à un organisme accrédité par UNOSEL, c'est bénéficier d'une fiabilité maîtrisée, de services à forte valeur ajoutée, d'une proximité, d'une écoute, et d'une longue expérience des attentes et exigences spécifiques en matière de séjour linguistique et éducatif.
« Les organismes accrédités par UNOSEL offrent un très large choix de programmes et de destinations. Leur expertise fait d'eux les meilleurs interlocuteurs. Ces adhérents échangent, partagent les bonnes pratiques et se perfectionnent au sein de commissions-métier spécialisées mises en place par UNOSEL.[4] »

L'UNOSEL œuvre activement pour communiquer des informations utiles aux participants et avait, par exemple, vivement réagi suite à un reportage diffusé dans l'émission « Capital » sur M6 il y a quelques années :

« Le soir du 30 juin 2013 vous avez peut-être regardé sur M6 le reportage de l'émission "Capital" consacré aux séjours linguistiques. Ce reportage vous a probablement inquiété sur la qualité des séjours linguistiques qui y étaient montrés.
« En tant que parents, et consommateurs, vous devez savoir qu'il existe tout et son contraire, en matière de séjours linguistiques comme en matière de restaurants, voitures, ameublement et plus généralement comme dans bien des domaines de notre vie quotidienne.
« Le reportage a montré exclusivement des exemples de séjours qui semblent ne pas donner satisfaction aux participants et à leurs parents. C'est précisément pour éviter ces déceptions que l'UNOSEL a été créée il y a maintenant 35 ans.

---

4. www.unosel.org/le-label-qualite-unosel/.

Les Séjours linguistiques pour enfants sont-ils toujours à la hauteur ?

« Les normes de qualité en vigueur aujourd'hui dans la profession, c'est l'UNOSEL qui en a été à l'origine il y a bien des années.
« Contrairement à ce qui a été vu et entendu dans le reportage de "Capital", il ne suffit pas, à l'UNOSEL, de faire candidature pour être quasi automatiquement admis, contrairement à ce que l'on voyait dans le reportage. L'UNOSEL n'est pas un "club", comme le disait à tort le commentaire du reportage, mais un garant de qualité et de sérieux qui se donne les moyens de ses ambitions. Il faut savoir, en effet, que seuls 40 % à 50 % des organismes candidats à l'obtention du Label UNOSEL sont acceptés à l'issue des différents audits effectués de manière approfondie par l'UNOSEL[5]. »

L'Office national de garantie des séjours et stages linguistiques

L'Office national de garantie des séjours et stages linguistiques[6] est la deuxième fédération professionnelle, fondée en 1997. Elle regroupe elle aussi plusieurs organismes de séjours linguistiques :

« L'Office national de garantie des séjours et stages linguistiques est une association regroupant une quarantaine d'organismes proposant des séjours linguistiques et engagés dans une démarche qualité rigoureuse. L'Office informe et conseille sur les possibilités et les meilleurs choix de séjours en France et à l'étranger pour jeunes et adultes.
« Organisme paritaire, l'Office a été créé en 1997 avec le soutien des trois fédérations de parents d'élèves, d'associations de consommateurs agréées, AFL Paris, l'ALLDC (Léo Lagrange) et avec celui des pouvoirs publics. »

5. www.unosel.org/les-sejours-linguistiques-de-qualite-ca-existe-mais-il-faut-frapper-a-la-bonne-porte/.
6. www.loffice.org/.

L'Office propose sur son site un "Contrat qualité" ainsi qu'un guide intitulé *Un séjour linguistique réussi.* Il organise chaque année le Salon des séjours linguistiques et des voyages scolaires[7] auxquels seuls ses adhérents peuvent participer. Les visiteurs peuvent assister à des conférences dont voici quelques titres pour la session 2015 : « Jobs et stages en entreprise à l'étranger », « Bien choisir son séjour linguistique », « L'Europe et la mobilité », « Volontariat à l'étranger »...

Les autres critères juridiques

Il est important d'être attentif aux points suivants :
• s'assurer que l'entreprise dispose bien d'un **siège social en France** : nous reviendrons sur ce point un peu plus loin ;
• vérifier l'identité juridique de l'entreprise ou de l'association que vous avez repérée : numéro SIRET, adresse clairement identifiable... Connaît-on l'identité du directeur ou de la directrice ? A-t-on une idée de son parcours, de ses compétences, de son intérêt pour les séjours linguistiques ? C'est toujours plus agréable de savoir qui se trouve derrière une entreprise ;
• vérifier que l'organisme dispose bien d'une **garantie financière.** Celle-ci est indispensable notamment dans l'hypothèse d'un accident qui surviendrait durant le séjour d'un des participants.

Les normes

Le secteur des séjours linguistiques est sans doute l'un des secteurs les plus soumis aux normes et contrôles de différentes natures.
La norme **NF 14804** devenue norme européenne en 2005 apporte un niveau minimum de garanties aux participants. Elle se présente comme un cahier des charges que les organismes de séjours linguistiques ont l'obligation de respecter :

7. www.salon-office.com/.

« Toutes les informations fournies doivent être claires, transparentes, vraies, nettes et lisibles et tenir compte des besoins spécifiques des participants et clients éventuels concernés. Pour chacun des services proposés, les informations données doivent être disponibles sous forme écrite avant l'inscription. »

Voici une liste d'exemples non exhaustive :
• En cas d'annulation de la part du participant ou de l'organisateur, les retenues et/ou les conditions de remboursement des sommes versées par le client ;
• Pour les mineurs, le ratio d'encadrement des responsables de groupe par rapport aux participants mineurs durant le voyage ;
• La procédure d'évaluation de la satisfaction et de traitement des réclamations du client ;
• Les dates des séjours proposés, la durée de ceux-ci (en semaines ou en jours) et le nombre de cours par semaine, leur répartition et leur durée (en minutes), y compris des informations sur l'absence de tenue des cours en raison de jours fériés ;
• Les procédures de placement dans une classe et le type de certificats d'assiduité et de rapports délivrés à la fin du cours, s'ils existent ;
• Une procédure d'évaluation appropriée doit être utilisée pour placer les participants dans des cours adaptés à leur niveau ;
• Concernant le personnel enseignant, s'ils disposent des diplômes leur permettant d'enseigner la langue cible dans le cadre du système éducatif de leur pays...[8]

L'UNOSEL impose par exemple à ses participants de faire auditer leurs conditions générales de vente notamment pour supprimer ce qui s'apparenterait à des clauses abusives.

---

8. www.gard.gouv.fr/content/download/8920/53508/file/NFEN14804 %20SejoursLinguistiques.pdf.

D'autres normes sont précisées dans différents textes français (code du tourisme, code de l'action sociale et des familles) ou dans des lois votées par le ministère de la Jeunesse, de l'Intérieur ou de l'Éducation nationale.

Les labels

Certaines brochures accumulent les labels d'organisations prestigieuses telles que celles de l'université de Cambridge, d'ETS (organisme officiel créateur des célèbres tests TOEFL et TOEIC), ou encore du British Council... Aussi officiels soient-ils, ces logos signifient simplement qu'un accord a été passé entre ces organismes et les écoles : ces dernières remplissent les fonctions par exemple pour être centre d'examen et ainsi administrer le TOEIC ou les examens de Cambridge. Cela peut aussi vouloir dire que les écoles s'engagent à respecter certaines contraintes, par exemple un nombre maximal d'étudiants par classe. **Cela ne dit en revanche rien sur la qualité des cours ou sur le projet pédagogique.**

Organisme français vs organisme étranger ou école « en direct »

Organisme français vs organisme étranger

Lorsque vous faites une recherche pour un « séjour linguistique à Londres » par exemple, vous pouvez trouver plusieurs types de sites, en fonction du positionnement dans les moteurs de recherche et des encarts publicitaires payés par les organismes pour s'assurer une bonne visibilité (ce qui n'est pas toujours un bon signe de santé financière). Il peut s'agir d'organismes de séjours linguistiques français ou étrangers (même si les sites ont été entièrement traduits en français), ou des sites des écoles d'anglais, eux aussi traduits en français.

Les organismes français sont soumis au droit français, qui impose des contraintes très strictes qui sont autant de garanties pour le participant. Le droit français est en effet très protecteur, notamment depuis un texte de loi adopté le 13 juillet 1992, qui a été révisé et approfondi en 2005. Dans son article 23, le texte indique : « Toute personne physique ou morale qui se livre aux opérations mentionnées à l'article 1er est responsable de plein droit à l'égard de l'acheteur de la bonne exécution des obligations résultant du contrat, que ces obligations soient à exécuter par elle-même ou par d'autres prestataires de services, sans préjudice de son droit de recours contre ceux-ci[9]. »

En signant un contrat de droit étranger à l'inverse, que ce soit avec un organisme ou avec une école, le participant n'a plus droit à aucune de ces garanties et c'est le droit local qui s'applique. En signant un contrat de droit étranger, même s'il est rédigé en français, vous en acceptez *de facto* l'ensemble des dispositions et en cas de litige, **vous devrez saisir un tribunal étranger**.

Le site de l'UNOSEL donne un exemple très parlant :
« Dans d'autres pays européens (Suisse, Belgique par exemple), la responsabilité de l'organisateur se limite à la présentation d'une information exacte et à jour, mais ne concerne absolument pas les prestations réalisées à l'étranger[10]. »

9. Loi n° 92-645 du 13 juillet 1992 fixant les conditions d'exercice des activités relatives à l'organisation et à la vente de voyages ou de séjours, Journal officiel, n° 162 du 14 juillet 1992.
10. www.unosel.org/actes-dengagement-des-sejours-linguistiques-juniors-unosel/.

S'inscrire en direct auprès d'une école de langues à l'étranger

Nous l'avons indiqué dans l'introduction, la très sérieuse enquête publiée en 2014 par l'ALTO (*Association of Language Travel Organisations*) auprès de 304 écoles de langues à travers le monde indique que 15 % seulement des inscriptions se font « en direct » (9 % par Internet, depuis le site de l'école, 6 % simplement en se présentant dans les locaux de l'école une fois sur place).

Certains participants préfèrent s'inscrire à un séjour linguistique directement auprès des écoles et c'est leur droit le plus strict. Cela signifie qu'ils ont lu attentivement le site de l'école, qu'ils ont été convaincus par les arguments pédagogiques et qu'ils ont eu les réponses à toutes les questions qu'ils se posaient. Cela implique aussi qu'ils ont déjà un certain niveau d'anglais et qu'en cas de problème sur place, ils pourront tout gérer directement avec le staff sans aucun intermédiaire français dont ce serait normalement le travail : changement d'hébergement, désir de changer de groupe de niveau, problème de facturation, prolongation de séjour, question administrative, mécontentement pour raison de prestation non assurée ou seulement partiellement, problème médical... **Tous ces problèmes devront être gérés directement par le participant.**

L'une des raisons qui pousse les participants à s'inscrire en direct est l'idée qu'ils vont économiser une somme plus ou moins importante. **Plusieurs organismes français proposent pourtant les prix directs des écoles** et n'hésitent pas à l'afficher clairement sur leur site : l'école sait que les réservations seront dirigées vers elle automatiquement, l'organisme sait qu'il a choisi une école sérieuse et qu'il peut lui envoyer des participants en toute confiance et, au final, le participant sait qu'il va dans une école qui répondra à ses attentes. Le fait d'avoir la possibilité de joindre par mail ou par téléphone un interlocuteur français pour lui exposer un problème ou une inquiétude, ou tout simplement lui poser une question, est un confort auquel vous renoncez de fait en vous inscrivant en direct auprès d'une école.

S'inscrire en direct auprès d'une école étrangère implique plus que jamais de bien lire les conditions générales de vente ou les mentions légales (en anglais la plupart du temps). Les écoles appliquent à la lettre la loi de leur pays : elles profitent du cadre légal en vigueur dans leur pays qui ne leur impose pas du tout les mêmes contraintes qu'en France. En cas de litige, vous devrez saisir un tribunal étranger.

Les portails de séjours linguistiques

Les portails de séjours linguistiques fleurissent et on en trouve de nouveaux chaque jour. Concrètement, un portail présente, pour une même destination, la quasi-totalité des écoles et programmes répertoriés dans cette destination et c'est à l'utilisateur de faire son choix. Selon quels critères ? C'est une bonne question. Ce qui fait la force d'une agence de séjours linguistiques, c'est qu'elle a normalement choisi une école en particulier parce qu'elle s'est rendue sur place et qu'elle a assisté à des cours, rencontré des professeurs et la direction, vérifié que certains critères de qualité étaient respectés (nombre de participants dans les classes) et aussi veillé aux critères matériels (emplacement de l'école, accessibilité, présence de lieux de loisirs et de lieux culturels dans les environs...).

Le portail se contente de référencer des écoles qu'il a trouvées sur Internet, sans avoir opéré au préalable la moindre vérification qualitative. C'est donc une vitrine, mais c'est au participant de faire tout le travail s'il ne se noie pas dans la liste des écoles présentes dans des villes comme New York ou Londres par exemple et s'il se sent capable de passer plusieurs heures, voire plusieurs jours, à décortiquer les sites proposés.

Voici un exemple très concret pour bien comprendre ce que cela signifie. Un nouveau portail vient de faire parler de lui dans plusieurs articles récents : le site Web explique qu'il va révolutionner le marché des séjours linguistiques en proposant des offres exceptionnelles, au bénéfice exclusif des participants. Dans les *terms of use for the website* (conditions générales de vente), voici ce que n'importe quel internaute peut lire simplement en cliquant sur cette rubrique :

« *The order in which the service provider is listed on the Websites (the "Ranking"), is determined automatically and unilaterally by XXXXXXXX. Ranking is based on and influenced by various factors, including but not limited to the commission percentage (to be) paid by the service provider, the student/guests review scores, the student/guest service history, the number and type of complaints from student/guests and the history record of the service provider.*

« *The service provider has the possibility to influence its own ranking by changing the commission percentage, and continuously improving the other factors.* »[11]

Il est donc clairement écrit que le site procède au classement automatique des écoles référencées selon différents facteurs et que si l'école souhaite progresser dans ce classement, elle peut modifier le montant de la commission qu'elle propose au site. Ainsi, **une école qui ne cherche qu'à faire du remplissage et du chiffre apparaîtra en tête du classement proposé sur ce site**. Personne ne peut croire un seul instant que le participant retira quelque bénéfice que ce soit de cette expérience.

11. « La place que le fournisseur occupe dans le classement sur les sites (le «ranking»), est déterminée de manière automatique et unilatérale par XXXXXXX. Ce classement varie selon différents facteurs, incluant notamment, mais pas uniquement, la commission versée par le fournisseur, les avis des étudiants, l'historique, le nombre et la nature des plaintes reçues sur plusieurs années. »

« Le fournisseur peut faire évoluer son positionnement en modifiant la commission versée et en améliorant les autres facteurs. »

Un peu plus loin, on peut encore lire deux passages tout aussi édifiants :
« XXXXXXXX is not liable for the correctness of the information given by students/guests and service providers. Furthermore XXXXXXXX is not liable if the service provider does not fulfill its duties derived from its terms of use, or if the students/guest is not satisfied with the service provider's performance for any other reason.
« The law of the Russian Federation applies. »[12]

Ces deux passages indiquent donc d'abord que le site portail n'est pas responsable des informations communiquées par les écoles (il n'y a donc aucun travail de vérification en amont) et que c'est la loi russe qui s'applique dans le cas d'un litige.

Enfin, dernière tendance à la mode : le comparateur. Il en existe quelques-uns consacrés aux séjours linguistiques mais là encore, il est impossible de savoir qui est derrière et cela ne laisse donc rien présager de très bon : il est facile de comparer des prix et des données quantitatives, mais quand il s'agit de critères qualitatifs, qui impliquent par ailleurs une certaine connaissance du secteur et notamment de la pédagogie, c'est une autre affaire. Voici un exemple très concret :

« Dans les limites établies par la loi, "LE COMPARATEUR" n'assume aucune responsabilité dérivée du manque de véracité, d'intégrité, d'actualisation et de précision des données ou informations contenues sur le site. Les contenus et l'information des sites "LE COMPARATEUR" sont élaborés par des professionnels qualifiés dans l'exercice de leur

12. « XXXXXXXX n'est pas reponsable de l'exactitude des informations données par les étudiants et par les services des fournisseurs. De plus, XXXXXXX n'est pas responsable si le fournisseur ne respecte pas ses engagements issus de ses conditions générales de vente, ou si l'étudiant n'est pas satisfait par la qualité des cours proposés par le fournisseur quel qu'en soit la raison.
« La loi en vigueur en Russie s'applique ».

profession. Cependant, les contenus et informations ne sont pas liés aux aspects antérieurement mentionnés et ne représentent pas d'opinions, de conseils ou d'orientation légale d'aucune sorte.
Les pages internet de "LE COMPARATEUR" peuvent contenir des liens vers d'autres sites internet de tiers. "LE COMPARATEUR" n'assume en aucun cas la responsabilité vis-à-vis du contenu pouvant apparaître sur des sites de tiers."
Les conditions générales ci-dessus sont régies par la législation espagnole. L'interprétation et l'application de ces lois relèvent des tribunaux espagnols. L'utilisateur, en vertu de son acception aux conditions générales mentionnées dans cet avis, renonce explicitement à toute autre législation qui ne soit pas celle ultérieurement mentionnée. »

Les organismes en ligne

Si un portail est nécessairement un organisme en ligne, tous les organismes en ligne (ils sont en réalité peu nombreux) ne sont pas nécessairement des portails. Le fait de proposer des services exclusivement ou majoritairement en ligne signifie que **le participant reçoit des informations exclusivement écrites, qui engagent donc l'organisme**. Il est possible de dire des choses par téléphone puis de les contester, il n'est pas possible de faire cela lorsqu'on a des documents écrits et contractuels.

Pour les clients qui n'ont pas entière confiance, il suffit de se renseigner auprès de l'UNOSEL ou de l'Office national de garantie des séjours et stages linguistiques par exemple. La **lecture des mentions légales** sur le site Internet et la date de création sont aussi des éléments qui permettent tout de suite de savoir si l'organisme est sérieux ou non.

Les participants peuvent enfin juger assez facilement du délai de réponse dans les échanges d'e-mails, de la pertinence des réponses et de leur précision. Il est difficile, à l'écrit, de ne pas répondre précisément à une question posée. C'est un engagement très clair pour le participant.

Conditions générales de vente : savoir lire entre les lignes

Les conditions générales de vente sont obligatoirement présentes dans les brochures ainsi que sur les sites Internet des organismes. Pourtant, **certains sites Internet** (parfois pour des noms pourtant très connus) **n'ont aucune mention légale disponible sur aucune de leurs pages, cela doit impérativement vous alerter**. Ces conditions générales sont souvent écrites en petits caractères mais doivent être lues avec beaucoup d'attention car bien souvent, les motifs de mécontentement des participants y figurent noir sur blanc et ne sont donc pas contestables.

Nombre de cours et... durée des cours

Certains organismes affichent fièrement un nombre de cours assez élevé, ce qui peut laisser penser qu'il s'agît d'une formation intensive ou hyper-intensive. Il faut être prudent car **le nombre de cours est une chose mais la durée des cours en est une autre**. Selon les écoles, les programmes et les formules, les cours peuvent durer de 60 minutes à 35 minutes ! En moyenne, les cours durent 45 ou 50 minutes selon les écoles. Sur une semaine intensive de 30 cours, un participant va donc suivre 17,5 heures de cours (pour des cours de 35 minutes), ou bien 22,5 heures de cours (pour des cours de 45 minutes). La différence est donc énorme et elle explique sans difficulté certains écarts de prix entre des séjours qui pourtant se ressemblaient beaucoup. Pour des séjours longue durée, la différence peut vite devenir énorme.

Durée des cours et nombre d'heures de cours

Durée du cours	Durée totale du séjour linguistique			
	1 semaine	4 semaines	12 semaines	24 semaines
35 minutes	17,5 heures	70 heures	210 heures	420 heures
45 minutes	22,5 heures	90 heures	270 heures	540 heures
50 minutes	25 heures	100 heures	300 heures	600 heures

Il faut également prendre garde à ce qui est entendu par « cours ». S'il est raisonnable de penser qu'un cours correspond à un temps clairement défini pendant lequel le participant se trouve sous la supervision d'un enseignant au sein d'un groupe d'étudiants, les choses ne sont pas toujours aussi simples. Dans certains centres, on compte comme « cours » des activités très diverses : conférence, cours magistral dans un amphithéâtre avec un plus grand nombre de participants, entraînement « guidé » en laboratoire de langue...

On ne peut que se réjouir de la pluralité d'activités pédagogiques proposées, mais il faut aussi reconnaître que toutes ces activités n'ont pas le même impact sur la progression des participants qu'un cours animé par un professeur. Prenons l'exemple précis d'un séjour qui propose 20 cours par semaine à ses étudiants :

Formule A	Formule B
• 20 cours « classiques » de 45 minutes	• 12 cours « classiques » de 45 minutes • 4 séances en laboratoire d'anglais • 2 conférences (comptent pour 4 cours)

Dans la formule A, l'étudiant paie pour recevoir 20 cours de 45 minutes par semaine soit 15 heures de cours. Il reçoit effectivement 15 heures de cours.

Dans la formule B, l'étudiant doit aussi recevoir 15 heures de cours mais il a en réalité 9 heures de cours et 6 heures d'activités complémentaires qui ne sont pas des cours. **Il est donc normal que le séjour coûte moins cher puisque ce n'est pas la même prestation** qui est achetée par le participant même si elle est présentée de la même manière. Un professeur est payé un taux horaire précis lorsqu'il enseigne mais il est en général rémunéré à un taux inférieur lorsqu'il est en laboratoire. Lorsqu'un intervenant propose une conférence, il est rémunéré à la place de tous les professeurs qui interviennent habituellement puisque tous les étudiants, quel que soit leur niveau, assistent à la conférence. Les économies sont bien réelles pour l'école qui peut ainsi facturer en effet moins cher... mais pour une prestation qui n'est pas la même, alors qu'elle est présentée comme telle.

« Dans la région de Los Angeles »... ou « à Los Angeles » ?

L'emplacement de l'école est également un élément important. La localisation de l'école, nous le reconnaissons tous, n'a pas de lien direct avec la qualité des cours que vous allez recevoir : il existe d'excellentes écoles, souvent indépendantes, dans des petites villes et il existe aussi des écoles peu sérieuses dans les grandes villes. Les écoles situées dans les villes secondaires sont souvent plus petites, plus chaleureuses et gérées de manière familiale : les directeurs sont souvent enseignants eux-mêmes et s'occupent de leurs élèves, quels que soient leur âge et leur niveau, de manière très individualisée. **Passer plusieurs semaines dans une petite ville** peut *a priori* ne pas être aussi attrayant que de séjourner en plein cœur d'une grande métropole, mais cela **peut présenter de réels avantages**, notamment sur le plan financier, avec un coût des hébergements beaucoup plus abordable.

Ce qui mérite une attention toute particulière sur les brochures et les sites Internet, c'est la mention « dans la région de », qui indique clairement que le séjour ne se déroulera pas en plein centre-ville.

Si l'on prend l'exemple des États-Unis, avec les distances qu'on connaît, **un séjour « dans la région de Los Angeles » peut se dérouler à une heure de route (voire plus)** du *downtown*, de quoi nettement diminuer le temps passé « en ville » lorsqu'on enlève le temps de transport.

Il est fréquent et normal que les organismes ne communiquent l'adresse exacte de l'école qu'après la réservation du séjour effectuée. Puisque vous avez sélectionné un organisme, vous lui faites confiance et s'il est écrit que le séjour se déroule « en plein cœur de » ou bien « dans le quartier de » ou encore « proche de telle station », vous savez que l'organisme s'engage et vous ne prenez donc aucun risque.

Professeur natif... et professeur diplômé ?

C'est une discussion qui est très ancienne et qu'on retrouve aujourd'hui par exemple dans des écoles de commerce ou des établissements d'enseignement supérieur privés : le professeur britannique, irlandais, australien est-il naturellement meilleur enseignant d'anglais ? La réponse est bien entendu : NON. Prenons le problème à l'envers : parce que je suis français, suis-je naturellement apte à enseigner ma langue à quelqu'un qui ne l'a jamais étudiée ou qui la maîtrise encore mal ? De la même manière, NON. À l'inverse, on sait aussi qu'avoir fait une thèse sur l'œuvre de Shakespeare ou bien sur les transformations du modèle agricole américain ne suffit pas pour faire un bon enseignant.

La mention « professeur natif » indique simplement la nationalité d'un intervenant mais ne dit rien sur son expérience ou ses diplômes. Dans le domaine de l'enseignement de l'anglais à des étrangers, il existe plusieurs qualifications internationales délivrées par des instances britanniques ou américaines.

L'université de Cambridge a ainsi mis en place plusieurs examens professionnels destinés aux professeurs, anglophones et non anglophones, qui souhaitent enseigner l'anglais langue étrangère (*English as a Second Language* ou ESL) à travers le monde.

Le *Teaching Knowledge Test*

Le *Teaching Knowledge Test* (TKT) est un test théorique qui se présente sous la forme d'un QCM de plusieurs heures. Le TKT comporte trois modules :
- *Language and background to language learning and teaching* ;
- *Lesson planning and use of resources for language teaching* ;
- *Managing the teaching and learning process.*

Le *Certificate in teaching English to speakers of other languages*

Le *Certificate in teaching English to speakers of other languages* (CELTA) est **la certification la plus connue** dans la profession. À la différence du Capes par exemple qui reste très académique et qui accorde trop peu de la place à la pratique de classe, le CELTA évalue l'ensemble des savoirs et des compétences pratiques des candidats. Là encore, trois parties sont au programme :
- *teaching practice* ;
- *written assignements* ;
- *professional development.*

Le *Diploma in teaching English to speakers of other languages*

Le *Diploma in teaching English to speakers of other languages* (DELTA) est la certification supérieure. Elle permet à un professeur qui veut prendre des responsabilités d'assurer par exemple le rôle formateur d'enseignants ou de *Academic Director/Director of Studies*, soit l'équivalent d'un responsable pédagogique. Cette fonction est essentielle car il/elle participe, avec le directeur ou la

directrice de l'école aux grandes orientations et surtout, au recrutement des professeurs, à leur suivi et à leur formation :
• il/elle procède aux entretiens de recrutement des enseignants ;
• il/elle assiste aux cours, comme un inspecteur, pour ensuite faire part de ses impressions aux enseignants et éventuellement leur donner des conseils ;
• il/elle anime des séances de travail collectif pour mettre en commun les bonnes pratiques pédagogiques ;
• il assure aussi une mission de veille pédagogique pour communiquer aux enseignants des idées de supports et de ressources à exploiter pendant les cours en fonction des niveaux.

Aux États-Unis, les professeurs doivent être titulaires d'un *TESOL Certificate* (*Teaching English to Students of Other Languages*) validé dans une université.

Malheureusement, dans certaines écoles, les professeurs sont de jeunes stagiaires ou des adultes qui n'ont pas les compétences nécessaires. Le fait de ne pas avoir l'un de ces diplômes ne veut pas dire que l'enseignant ne sera pas à la hauteur mais qu'il n'a pas suivi de formation spécifique qui lui permettrait pourtant d'avoir une meilleure connaissance des méthodes à mettre en œuvre pour préparer et animer ses cours. Pour une école, la rémunération proposée à des enseignants sans qualification spécifique n'est bien entendu pas la même et il est alors plus facile de tirer les frais pédagogiques vers le bas et de proposer des offres particulièrement attractives.

Nombre d'élèves « en moyenne » et nombre d'élèves maximal garanti

Dernier point important à prendre en compte lorsqu'on choisit son séjour linguistique, c'est le nombre d'élèves par classe. Dans le système français, il n'est pas rare d'avoir plus de 30 élèves dans une même salle de cours. Dans mes dernières années à l'Éducation nationale, j'avais des classes de lycée avec 36 élèves ! Les heures de cours avaient lieu en classe entière à l'exception d'une séance par semaine qui était donc limitée à 18 élèves. Tous les élèves pouvaient voir la différence de rythme et d'efficacité entre ces deux situations pédagogiques.

Soyez très attentifs au nombre de participants annoncés dans les classes : si seul le nombre de participants « en moyenne » est présenté, cela ne veut rien dire et ne donne aucune garantie. **Il est impératif de connaître le nombre maximal garanti de participants.** Si vous pouvez lire « 18 participants en moyenne », cela veut dire qu'il y aura sans doute davantage d'étudiants durant votre séjour. À l'inverse, si vous pouvez lire « 16 participants maximum et 12 en moyenne sur l'année », alors vous savez exactement à quoi vous attendre. Vous pouvez bien entendu imaginer qu'en période estivale par exemple, il est probable que le maximal soit régulièrement atteint. Le problème a lieu lorsque ce seuil est dépassé car le contrat n'a alors pas été respecté.

En moyenne, les écoles proposent des cours avec des classes de 12 à 15 participants. **Il existe des écoles et des programmes où les cours sont réservés à des groupes plus petits** : 8, 6, 4 participants. Ce sont des conditions d'enseignement et d'apprentissage privilégiées et bien entendu, **le prix de ces formules sera supérieur** mais sans aucun doute, les résultats seront au rendez-vous. Dans des mini-groupes, l'apprentissage est nécessairement intensif : les participants sont sollicités en permanence pour lire, commenter, dialoguer. On peut considérer avec certitude que les progrès sont inversement proportionnels au nombre d'élèves par classe, tout comme le prix du séjour linguistique !

Devis... et devis contractuel ?

Pour conclure, il est impératif d'**exiger un devis contractuel** qui indique noir sur blanc ce qui est compris. C'est la raison pour laquelle le fait de procéder par e-mail (et donc d'avoir une trace

écrite de tous les échanges) est une garantie pour les participants. Tous les éléments constitutifs du séjour qui figurent sur le devis doivent être garantis. Le participant doit exiger un écrit pour se protéger.
Un devis contractuel, c'est aussi le meilleur moyen de matérialiser des engagements et de dissiper tout malentendu : **tout ce qui figure sur un devis contractuel doit être proposé au participant, rien de ce qui ne figure pas sur le devis ne peut être considéré comme un dû.**

Le rôle de conseil

Le conseil est sans aucun doute la plus-value des agences de séjours linguistiques qui doivent avant tout conseiller sur le meilleur séjour au regard du projet, des objectifs et du budget des participants. Le rôle de conseil s'apprécie à différents niveaux :
• Les questions précises que vous posez amènent-elles des réponses précises sur les temps de déplacement, sur ce qui est inclus et ce qui ne l'est pas, sur les méthodes pédagogiques, le recrutement des professeurs, le pourcentage de Français enregistré les mois ou les années précédents... ?
• L'organisme est-il en mesure de vous guider dans la définition pédagogique du programme linguistique ? Lorsqu'un organisme vous oriente vers un séjour plutôt qu'un autre, c'est sans doute pour vous indiquer que l'un d'eux semble mieux adapté à votre projet et à la validation de vos objectifs.
• Enfin, qui sont vos interlocuteurs ? Est-ce que vous changez d'interlocuteur à chaque e-mail ou coup de téléphone ou bien est-ce que vous bénéficiez d'un suivi personnalisé en étant en contact avec la même personne ?

Le rôle de conseil ne peut pas s'évaluer seulement par la rapidité qu'a mis un organisme à vous adresser un devis, même si ce facteur est important. Est-ce normal par exemple de recevoir un devis après avoir envoyé une demande de renseignements assez générale ? Comment l'organisme a-t-il assuré sa mission de conseil sans étudier, au préalable, les besoins et le projet du participant ? Comment la formation pourrait-elle (par magie) correspondre à ses attentes du premier coup ? C'est tout simplement impossible !

Pour gagner du temps, les demandes de renseignements doivent être précises. Il est difficile de répondre à un message indiquant par exemple : « Bonjour, je recherche un séjour linguistique à Cambridge. »

Pour rédiger une demande à un organisme, pensez à **communiquer autant de détails que possible** :
- âge du participant ;
- niveau d'anglais ;
- niveau d'études ou activité professionnelle ;
- objectifs, motivations et besoins ;
- disponibilités ;
- destinations envisagées ;
- éventuellement budget.

Choisir sa destination

Il n'appartient pas à ce livre de présenter dans le détail toutes les destinations possibles pour un séjour linguistique anglais, cela mériterait presque un livre entier.

Pour les destinations européennes, il n'est pas nécessaire d'obtenir un visa particulier puisque dans le cadre de l'Union européenne, la liberté de mouvement d'un pays à un autre est totale. Pour d'autres pays en revanche, l'organisme vous expliquera les démarches à entreprendre. Il ne faut pas oublier que ces démarches peuvent prendre du temps et qu'un départ dans la semaine qui suit est impossible si l'obtention d'un visa est nécessaire.

L'Angleterre

L'Angleterre est depuis toujours la destination privilégiée des Français dans le domaine des séjours linguistiques pour les raisons suivantes :

• proximité géographique avec l'Eurostar qui vous dépose en plein centre de Londres, à la gare de Saint-Pancras et les liaisons aériennes opérées par toutes les compagnies et notamment les *low cost* ;

• un temps limité pour l'aller et le retour et pas de *jet lag* ;

• une heure seulement de décalage horaire.

Autant de raisons qui rassurent les parents lorsque ce sont leurs enfants qui partent, ou les adultes lorsqu'ils n'ont qu'une ou deux semaines pour aller se former à l'étranger.

La capitale, Londres, reste la première destination, notamment chez les étudiants et les adultes, qui savent qu'ils vont pouvoir accroître leur réseau de relations dans les différents cercles et *after work* de la capitale. Les villes étudiantes d'Oxford et de Cambridge jouissent toujours d'un prestige immense, hérité de leur histoire et de leur renommée internationale. Les villes côtières de Brighton, Bristol, Plymouth et Bournemouth misent quant à elles sur l'attraction touristique internationale et le fait d'être des stations balnéaires. Dans toutes ces villes où le nombre d'écoles ou de centres d'anglais ne cesse d'augmenter, seul un professionnel est en mesure de faire une sélection objective et rigoureuse.

D'autres villes comme Manchester, Liverpool, Birmingham accueillent également des séjours linguistiques, ainsi que des petites villes qui misent sur le côté « village » et sur le cadre typique qu'elles proposent, particulièrement rassurant et calme, par contraste avec Londres qui reste cependant accessible pour des visites le week-end. Ces villes connaissent un réel succès car les écoles disposent souvent d'une relation de proximité avec les habitants qui permet de proposer des hébergements plus accueillants.

Les participants cherchent également des formations où l'on enseigne l'anglais « authentique » et qui savent que l'anglais britannique et l'anglais américain ne sont pas les mêmes : les mots peuvent être différents pour désigner un même objet et l'accent n'est pas du tout le même. Il suffit de regarder le journal télévisé de la BBC et de CNN pour s'habituer à faire la distinction entre les deux accents.

L'Écosse et l'Irlande

Ces deux pays séduisent de nombreux participants qui cherchent un cadre de vie moins urbain et qui veulent être plus proches de la nature et profiter des magnifiques paysages que l'on trouve par exemple dans l'arrière-pays. Pour l'Irlande, l'appartenance à la zone euro implique par ailleurs une plus grande stabilité des prix : en 2015, le taux de change défavorable avec la livre sterling est venu considérablement gonfler le flux d'étudiants européens dans ce pays.

Edinburgh, Glascow et Aberdeen en Écosse sont des villes particulièrement attractives, tout comme Dublin et Cork en Irlande. Ces villes sont devenues des destinations internationales qui ont su capitaliser sur l'alliance entre tradition et modernité : les fêtes locales et nationales sont des temps forts du calendrier.

Malte

Malte accueille des étudiants et des adultes toute l'année mais ce sont surtout les jeunes participants qui s'y précipitent chaque été pour pouvoir profiter de la mer, de l'ensoleillement et des paysages magnifiques après les cours. Les séjours sont souvent proposés à des prix abordables.

Un point important doit être clairement exposé ici : **l'âge légal à partir duquel la consommation d'alcool est autorisée est 17 ans à Malte.** Il est donc primordial que les parents expliquent bien à leurs enfants les risques encourus s'ils ne respectent pas les règles ou s'ils s'exposent à une consommation immodérée d'alcool sur place. Chaque année, malheureusement, plusieurs d'entre eux sont pris sur le fait et peuvent dans certains cas être exclus du programme.

Le Canada

Le Canada est la destination des amoureux des grands espaces et de la nature : c'est là que se déroulent chaque été de nombreux *summer camps* pour les jeunes par exemple. Les étudiants et les adultes sont quant à eux toujours séduits par les paysages incroyables qu'offre le pays et par la gentillesse de la population, connue pour être particulièrement accueillante et chaleureuse. Toronto, Vancouver et Montréal sont les principales destinations.

Les séjours courts, jusqu'à une durée de six mois, ne nécessitent aucun visa particulier. En revanche, **les séjours d'une durée supérieure à six mois impliquent l'obtention d'un visa étudiant** :
« Vous devez également joindre une preuve que vous disposez de suffisamment d'argent pour votre séjour au Canada, ce qui comprend les fonds nécessaires pour :
« • les frais de scolarité ;
« • les frais de subsistance pour vous-même et pour tout membre de votre famille qui vous accompagne au Canada, le cas échéant ;
« • les coûts de transport de retour pour vous et votre famille[13]. »

L'Australie et la Nouvelle-Zélande

Malgré la distance et la durée du voyage que cela implique, l'Australie et la Nouvelle-Zélande attirent toujours ! Il faut compter une bonne journée à l'aller et au retour, avec une escale au moins en Asie. Au pays des koalas et des kangourous, les participants

---

13. Site officiel du gouvernement du Canada : www.cic.gc.ca/francais/ressources/publications/etudie.asp.

choisissent en priorité Sydney (la plus grande ville du pays), Brisbane et Canberra (la capitale).

En Australie, les jeunes adultes (de 18 à 30 ans) peuvent bénéficier d'un *Working Holiday Visa* (WHV) qui permet notamment de :
• rester un an dans le pays pendant une année avec autant d'entrées et sorties que vous le voulez ;
• suivre des cours d'anglais et travailler pour différents employeurs ;
• renouveler le visa une seconde année.

Certaines conditions doivent être remplies pour pouvoir prétendre à ce visa :
• être âgé de 18 ans au moins ;
• ne pas être accompagné de personnes à charge ;
• disposer d'un passeport valide et d'une assurance valable pendant la durée du séjour ;
• être hors d'Australie lorsque vous faites la demande.

L'Afrique du Sud

La ville du Cap, à la pointe du continent africain, est bien entendu la principale destination pour des séjours linguistiques en Afrique du Sud. Tout le pays est connu pour ses montagnes et autres paysages sublimes, sa faune, ses vignobles et tout son arrière-pays.
Ce pays international, que Desmund Tutu avait baptisé « la nation arc-en-ciel » fut une colonie britannique de 1806 à 1910. L'anglais est donc naturellement l'une des langues officielles du pays, qui en compte plus de dix en tout.

En mai 2014, toutefois, les autorités ont adopté un texte intitulé *Immigration Act* qui ne permet plus aux étudiants désireux de venir apprendre l'anglais dans une école de langues de bénéficier d'un visa étudiant[14]. Il faut donc en réalité demander un *visitor permit.*

14. "South Africa's language schools face declining enrolment due to immigration policy", ICEF Monitor, 28 août 2015.

Les États-Unis

Last but not least, les États-Unis s'imposent comme la destination « rêvée », notamment par les jeunes participants désireux de découvrir l'*American way of life* qu'ils étudient dans les programmes scolaires et qu'ils voient au quotidien dans les séries télévisées, les films, la presse et, d'une certaine manière, de vivre leur « rêve américain ».

La popularité des États-Unis dépend beaucoup du taux de change. Lorsque l'euro valait plus de 1,40 dollar, les écoles de langues faisaient le plein d'étudiants européens. Mais avec une quasi-parité euro-dollar comme on la connaît depuis quelques mois, les prix sont devenus moins attractifs. C'est là un élément totalement indépendant des organismes de séjours linguistiques qui peut avoir des conséquences importantes.

Les grandes villes (au premier rang desquelles New York City, Miami, Los Angeles) sont les destinations phares mais on observe aussi une demande de familles pour aller dans des endroits plus « reculés », dans le centre du pays, par exemple dans des États comme le Minnesota ou le Dakota, pour découvrir un pays plus authentique, plus calme...

Bien souvent, les jeunes qui partent dans des grandes villes comme New York, Los Angeles, San Francisco ou Miami retrouvent tous ces beaux aspects qu'ils ont vus dans les films, les séries et les clips vidéo... mais ils découvrent aussi inévitablement certains revers de la société américaine : l'obésité, la pauvreté dans certains quartiers, l'hyper-marchandisation de tout et n'importe quoi, les temps de trajet pour aller d'un point à un autre dans une même ville... C'est donc une belle leçon de vie, en plus des leçons d'anglais, pour ces jeunes participants.

Pour partir en séjour linguistique aux États-Unis, **des visas sont nécessaires dans deux cas de figure** :

• pour toute formule incluant au moins 18 heures hebdomadaires de cours, que le séjour dure une semaine ou un an ;

• lorsque le séjour dure plus de 89 jours, quel que soit le nombre d'heures de cours suivies pendant le séjour.

Il existe de très nombreux visas permettant d'entrer aux États-Unis mais c'est le **visa F** qui intéresse les étudiants, celui consacré aux « études générales et linguistiques ». Les étudiants doivent dans un premier temps régler l'intégralité de leur séjour linguistique et prendre rendez-vous à l'ambassade pour l'obtention du visa, sans oublier d'amener avec eux une série de documents que l'organisme leur aura listée. Les délais d'obtention d'un visa peuvent prendre plusieurs semaines, il est donc indispensable de s'y prendre à l'avance pour éviter toute complication. Comme pour le Canada, **une preuve de fonds vous sera demandée**.

Dans tous les autres cas de figure, les participants (mineurs et majeurs) doivent compléter en ligne un formulaire pour leur **ESTA**, une autorisation électronique de voyage à demander avant le départ. Il existe de nombreux sites sur Internet qui proposent de vous guider dans la réalisation de cette formalité mais il n'y a qu'un seul site officiel, celui du gouvernement américain[15] : les autres vous factureront en plus leur service alors que la procédure d'enregistrement est très simple.

ESTA Electronic System for Travel Authorization
U.S. Department of Homeland Security

15. https://esta.cbp.dhs.gov/esta/

La France

Vous avez bien lu ! Il est possible de partir en immersion dans une famille de natifs anglophones résidant en France. Plusieurs organismes proposent soient des immersions en *one-to-one*, au domicile de l'enseignant et de sa famille ou bien des « villages » anglophones qui se présentent comme des villes étrangères à taille réduite. Ces séjours plaisent beaucoup aux parents désireux d'envoyer un enfant en bas âge ou pour un premier séjour linguistique. Il est impératif de vérifier cependant que l'un des parents au moins est bien enseignant, titulaire d'un diplôme lui permettant d'enseigner sa langue maternelle à des étrangers.

2. Préparer son séjour linguistique

Partir en séjour linguistique ou envoyer son enfant en séjour linguistique implique un énorme travail de préparation en amont. Une fois qu'on a trouvé l'organisme avec lequel partir, le travail n'est pas terminé. Il faut décrypter les brochures et les sites Internet, bien comprendre les spécificités de chacun des programmes proposés. Il faut aussi bien se renseigner sur les us et coutumes et se préparer au « choc des cultures ».

Avant le départ, bien se documenter sur les différences culturelles

Avoir conscience des différences culturelles

Si l'on parle souvent des enjeux linguistiques d'un séjour, les enjeux culturels sont tout aussi importants. Si l'on ne se documente pas un peu avant le départ, on peut parfois être surpris de **découvrir des pratiques et des habitudes fort différentes** qui peuvent incommoder, ou au contraire d'autres pratiques considérées comme naturelles en France qui sont mal vues sur place.

La nourriture

Les horaires des repas sont souvent une première découverte culturelle : lorsque des jeunes arrivent aux États-Unis, ils observeront vite que l'on mange à toute heure. Lorsqu'une personne mange à 16 heures, on ne sait pas trop s'il s'agit d'un déjeuner tardif ou d'un dîner pris volontairement de (très) bonne heure pour bénéficier des tarifs spéciaux réservés aux *early birds*. En Angleterre, certaines familles peuvent passer à table vers 18 heures, parfois avant, ce qui suscite souvent des critiques de la part des jeunes participants, voire des adultes qui ont choisi de résider chez l'habitant. Il faut quoi qu'il en soit garder en tête qu'en séjour linguistique, **on doit découvrir, comprendre et s'adapter aux habitudes locales car l'inverse n'est tout simplement pas possible**.

La nourriture elle-même peut parfois surprendre. Tout le monde a une histoire à raconter sur le *fish and chips* anglais ou le régime hamburger/pizza/coca américain. La situation a pourtant considérablement changé. Dans certains campus universitaires internationaux, des buffets incroyables attendent les participants avec grillades, *salad bar*, soupe du jour, salades de fruits, desserts maison... Dans certains collèges anglais, les repas sont même préparés à partir de ressources locales récoltées et élevées sur le domaine de l'école, et travaillés ensuite par des professionnels ou par de jeunes apprentis. Aux États-Unis, et particulièrement dans les grandes villes, on voit fleurir de nombreux magasins et restaurants biologiques, de nombreux marchés biologiques, des salles de *fitness* à tous les coins de rue, ce qui traduit un profond changement de mentalités et de changement dans les habitudes alimentaires même si les enseignes de *junk food* restent inévitables. De manière générale, les écoles de langue situées en centre-ville sont entourées de toutes sortes de restaurants et chacun peut facilement trouver de quoi manger en variant les cuisines, les portions, les budgets... et les teneurs en calories.

Autre exemple classique, lorsque vous allez au restaurant aux États-Unis, l'addition apportée par le serveur indique le prix total des plats consommés mais il faut ajouter obligatoirement le pourboire (*tip* ou *gratuity*) qui, selon la qualité du service, représente entre 15 % et 20 % du total.

Les comportements dans la vie quotidienne

En France, il n'est (malheureusement !) pas rare de voir des jeunes cracher en pleine rue sans que cela ne gêne personne, c'est sanctionné par une amende dans de nombreux pays. En France encore, il n'est pas rare de voir des personnes passer d'une file à une autre pour essayer de gagner du temps pour passer à la caisse d'un supermarché ou au guichet d'une administration : il est préférable de faire la queue, comme tout le monde, dans les pays anglo-saxons sous peine de se faire sévèrement rappeler à l'ordre.

Se renseigner aussi sur la législation en vigueur

Ce qui est toléré en France peut être interdit à l'étranger : c'est la loi du pays où vous êtes qui s'applique.

Le tabac

Les lieux publics sont toujours des lieux non fumeurs. Il existe quelques exceptions, par exemple les casinos aux États-Unis, souvent situés en territoire indien où une loi spécifique s'applique. Dans les campus universitaires, l'interdiction de fumer s'applique sur l'ensemble du campus : certains participants doivent donc se préparer à sérieusement réduire leur consommation pendant la durée du séjour sans quoi ils s'exposent à des amendes parfois très lourdes, qui augmentent lorsque les infractions se répètent.

Voici un exemple concret de législation concernant l'État de New York[1].

LA LÉGISLATION SUR LE TABAC DANS L'ÉTAT DE NEW YORK

Smoking shall not be permitted and no person shall smoke in the following indoor areas :

- Places of employment ;
- Bars ;
- Food service establishments, except as provided in subdivision six of section thirteen hundred ninety-nine-q of this article ;
- Enclosed indoor areas open to the public containing a swimming pool ;
- Public means of mass transportation, including subways, underground subway stations, and when occupied by passengers, buses, vans, taxicabs and limousines ;
- Ticketing, boarding and waiting areas in public transportation terminals ;
- Youth centers and facilities for detention as defined in sections five hundred twenty-seven-a and five hundred three of the executive law ;
- Any facility that provides child care services as defined in section four hundred ten-p of the social services law, provided that such services provided in a private home are excluded from this subdivision when children enrolled in such day care are not present ;
- Child day care centers as defined in section three hundred ninety of the social services law and child day care centers licensed by the city of New York ;
- Group homes for children as defined in section three hundred seventy-one of the social services law ;
- Public institutions for children as defined in section three hundred seventy-one of the social services law ;
- Residential treatment facilities for children and youth as defined in section 1.03 of the mental hygiene law ;

1. https://www.health.ny.gov/regulations/public_health_law/section/1399/.

• All public and private colleges, universities and other educational and vocational institutions, including dormitories, residence halls, and other group residential facilities that are owned or operated by such colleges, universities and other educational and vocational institutions, except that these restrictions shall not apply in any off-campus residential unit occupied by a person who is not enrolled as an undergraduate student in such college, university or other educational institution ;
• General hospitals and residential health care facilities as defined in article twenty-eight of this chapter, and other health care facilities licensed by the state in which persons reside ; provided, however, that the provisions of this subdivision shall not prohibit smoking by patients in separate enclosed rooms of residential health care facilities, adult care facilities established or certified under title two of article seven of the social services law, community mental health residences established under section 41.44 of the mental hygiene law, or facilities where day treatment programs are provided, which are designated as smoking rooms for patients of such facilities or programs ;
• Commercial establishments used for the purpose of carrying on or exercising any trade, profession, vocation or charitable activity ;
• Indoor arenas ;
• Zoos ;
• Bingo facilities.

Smoking shall not be permitted and no person shall smoke in the following outdoor areas : Ticketing, boarding or platform areas of railroad stations operated by the Metropolitan Transportation Authority or its subsidiaries. Smoking shall not be permitted and no person shall smoke within one hundred feet of the entrances, exits or outdoor areas of any public or private elementary or secondary schools ; provided, however, that the provisions of this subdivision shall not apply to smoking in a residence, or within real property boundary lines of such residential real property. The provisions of section thirteen hundred ninety-nine-P of this article shall not apply to this subdivision.

L'alcool

L'achat et la consommation d'alcool par des mineurs sont strictement interdits. À Malte, l'âge légal pour boire de l'alcool est 17 ans. Chaque année, plusieurs organismes rapportent des cas d'exclusion notamment durant leurs programmes pour des comportements liés à la consommation d'alcool. Il en est de même en Angleterre (tristement célèbre pour son *binge drinking*) et aux États-Unis (tristement célèbre pour les beuveries qui se déroulent lors du *Spring Break*). Aux USA, les bars sont en général interdits aux moins de 21 ans et la consommation et l'achat d'alcool sont soumis à un contrôle systématique de votre pièce d'identitié (ID).

Si vous en êtes en âge de consommer de l'alcool, il est nécessaire de vous faire raccompagner après une soirée : la conduite en état d'ivresse (DUI : *driving under the influence*) constitue un délit très grave. C'est pour cette raison qu'ont été mis en place, notamment dans les milieux étudiants, des programmes de covoiturage impliquant le choix d'un *Designated Driver*.

Voici par exemple ce que prévoit la législation britannique sur le sujet[2].

DRIVING UNDER THE INFLUENCE

Driving or attempting to drive while above the legal limit or unfit through drink
You may get :
• 6 months' imprisonment ;
• an unlimited fine ;
• a driving ban for at least 1 year (3 years if convicted twice in 10 years).

Refusing to provide a specimen of breath, blood or urine for analysis
You may get :
• 6 months' imprisonment ;
• an unlimited fine ;
• a ban from driving for at least 1 year.

Causing death by careless driving when under the influence of drink
You may get :
• 14 years' imprisonment ;
• an unlimited fine ;
• a ban from driving for at least 2 years ;
• an extended driving test before your licence is returned.

2. https :www.gov.uk/drink-driving-penalties.

Prendre en compte l'éloignement des proches et du quotidien

Cela est particulièrement vrai pour des jeunes participants qui peuvent se sentir perdus ou très mal parce qu'ils sont sans leurs parents ou sans leurs amis. Pour un premier séjour linguistique ou pour des jeunes qui sont encore très proches de leur cocon familial, il faudra sans doute privilégier un séjour linguistique encadré, avec la présence d'un animateur français sur place.
Lorsqu'un jeune ne se sent pas bien, il appelle aujourd'hui automatiquement ses parents qui, bien souvent, et on peut le comprendre, adressent un e-mail d'avertissement à l'organisme pour exiger des changements avant même de lui présenter les faits qui sont, bien souvent, bien moins graves qu'ils n'y paraissent.

Prix et financement d'un séjour linguistique à l'étranger

Lorsqu'on parle d'un séjour linguistique, on parle parfois d'un véritable investissement : les formules intensives, les séjours longue durée, les séjours encadrés, les formules personnalisées représentent un coût bien réel pour le participant. On ne le redira jamais assez mais dans le domaine des séjours linguistiques, comme dans tout autre domaine, **la qualité se paie**. On ne peut pas attendre d'un séjour linguistique « à prix cassé » qu'il apporte entière satisfaction aux plus exigeants, comme le confirment les nombreux témoignages de participants laissés sur les forums (même si, encore une fois, il faut rester prudent à la lecture de ces témoignages).

Un séjour linguistique « pas cher »

On peut trouver sur Internet des pages entières de discussions sur des sujets lancés par des personnes qui demandent : « Je veux progresser en anglais, mais je ne veux pas payer trop cher, quels tuyaux avez-vous ? » ou encore « Je cherche un séjour linguistique pas cher, que me conseillez-vous ? » Si certains participants cherchent des cours avec 20 élèves ou plus par classe, avec des professeurs stagiaires ou sans diplôme ni expérience, dans des écoles mal équipées, sans agrément et très mal situées... ils n'auront malheureusement pas de mal à en trouver. Mais ne vaut-il pas mieux dans ce cas ne pas partir en séjour linguistique cette année ? Les conseils qu'on peut lire sur certains sites sont tout simplement effarants. **On encourage clairement les participants à faire tout ce qu'il faut pour s'assurer d'une expérience catastrophique** tant sur le plan du contenu du séjour qu'au niveau juridique, sans aucune garantie ni protection.

C'est ainsi que sur de nombreux forums, des experts autoproclamés en séjours linguistiques conseillent aux participants de réserver leur formation à la dernière minute. C'est tout simplement le meilleur moyen de devoir payer des frais de traitement en urgence facturés par l'organisme, de trouver des billets d'avion ou de train sans aucune réduction et surtout d'ajouter un bon petit pic de stress avant le départ.

Un séjour linguistique « pas cher » est un séjour linguistique qui risque de ne pas vous donner satisfaction et l'Office national de garantie des séjours et stages linguistiques l'indique clairement :
« Sachez que des enseignants diplômés coûtent plus cher que des étudiants qui n'ont pas encore d'expérience pédagogique, que des séjours bien encadrés (pour les plus jeunes) impliquent un coût réel pour l'organisateur, que des locaux permanents, avec matériel informatique, des équipements sportifs et du personnel ont aussi un coût. Enfin, qu'une famille qui reçoit plusieurs jeunes gagne plus et coûtera certainement moins cher à ce même organisateur (les familles d'accueil sont rémunérées notamment en Grande-Bretagne).

« Méfiez-vous donc des offres mirobolantes, des prix cassés dans un domaine où les questions de qualité et de sécurité sont très sensibles[3]. »

Prix en euros, prix en devises étrangères, taux de change

Les organismes peuvent proposer les prix de leurs séjours en devises étrangères ou en euros. Les séjours qui se déroulent en France, à Malte, en Irlande ne peuvent pas connaître de changements trop brutaux puisqu'ils sont dans la même zone monétaire. En revanche, les séjours qui se déroulent en dehors de la zone euro sont sujets aux **variations des taux de change sur lesquels les organismes de séjours linguistiques n'ont aucune prise**.

Prenons un exemple concret : un séjour linguistique est vendu par une école américaine au prix de 1 000 dollars. Lorsque l'organisme décide de l'ajouter à son offre de séjours, le taux de change est de 1,2. Le séjour peut donc être facturé au prix de 833 euros (prix direct). Quelques mois plus tard, le taux de change est passé à 1,1 ce qui correspond à un prix de 909 euros. C'est ce dernier prix que l'organisme devra payer à l'école et c'est donc ce prix que devra alors payer le participant. L'article 19 de la loi de 1992 évoquée au début de ce livre précise clairement :
« Les prix prévus au contrat ne sont pas révisables, sauf si celui-ci prévoit expressément la possibilité d'une révision tant à la hausse qu'à la baisse et en détermine les modalités précises de calcul, uniquement pour tenir compte des variations :
« a. Du coût des transports, lié notamment au coût du carburant ;
« b. Des redevances et taxes afférentes aux prestations offertes, telles que les taxes d'atterrissage, d'embarquement, de débarquement dans les ports et les aéroports ;
« c. Des taux de change appliqués au voyage ou au séjour considéré.

3. www.loffice.org/fr/conseils-pratiques/analyser-le-prix.

« Au cours des trente jours qui précèdent la date de départ prévue, le prix fixé au contrat ne peut faire l'objet d'une majoration[4]. »

Les augmentations de prix jusqu'à un mois du départ sont donc légales mais contrairement à ce que l'on peut lire, elles **n'apportent aucune marge supplémentaire aux organismes de séjours linguistiques.** Renoncer à ces ajustements de prix, c'est sans doute ménager ses clients mais c'est aussi perdre toute sa marge, c'est-à-dire l'argent qui permet d'investir dans le recrutement d'un personnel qualifié et compétent pour conseiller efficacement les clients et être à leur disposition pour proposer des services de qualité.

Bourses et financements pour les séjours linguistiques jeunes et étudiants

Dans certains pays étrangers, l'apprentissage des langues étrangères et les séjours linguistiques font l'objet de politiques publiques très volontaristes et plusieurs dispositifs sont mis en œuvre pour permettre aux jeunes de recevoir des aides :

- en Belgique, les jeunes peuvent bénéficier de bourses pour financer leur séjour linguistique dans le cadre du Plan Marshall et ainsi partir étudier une langue étrangère pendant un semestre ou une année en bénéficiant d'un financement important ;
- la principauté de Monaco a mis en place une « bourse de perfectionnement dans la connaissance des langues étrangères ». Selon les cas, les bourses peuvent couvrir jusqu'à cinq séjours linguistiques de courte durée pour les élèves de l'enseignement secondaire ou deux séjours linguistiques longue durée pour les étudiants de l'enseignement supérieur ! ;
- en Suisse, des demandes de bourses peuvent être déposées auprès des cantons.

4. Loi n° 92-645 du 13 juillet 1992 fixant les conditions d'exercice des activités relatives à l'organisation et à la vente de voyages ou de séjours, Journal officiel, n° 162 du 14 juillet 1992.

En France, il existe aussi des aides mais elles sont limitées dans leur nombre et dans leur montant :

• la mairie, le conseil général et surtout le **conseil régional** peuvent accorder des aides aux jeunes participants qui ont pour projet de partir en séjour linguistique ;

• les **comités d'entreprise** peuvent parfois proposer aux salariés des aides ou des chèques vacances pour financer le séjour linguistique de leur enfant.

Au niveau européen, il est possible de bénéficier d'un financement pour un séjour à l'étranger organisé en contexte scolaire. Les professeurs d'anglais seront en mesure de renseigner les familles sur les projets européens concernés. Le **programme Comenius** vise à renforcer la coopération et les échanges entre établissements scolaires de pays différents à partir de projets communs, de rencontres et d'échanges. Le **programme Leonardo** s'inscrit quant à lui dans la construction d'une politique de formation professionnelle européenne et intéressera plus particulièrement les élèves inscrits en lycée professionnel qui envisagent d'aller faire un stage à l'étranger par exemple.

De manière plus ponctuelle, il est possible de se renseigner auprès des ministères, des ambassades, des consulats mais aussi auprès d'organisations privées (clubs et fondations notamment) qui peuvent proposer des aides sous certaines conditions.

Pour les étudiants, les universités proposent de réaliser une partie de leur cursus universitaire dans un pays étranger : ce n'est donc pas réellement un séjour linguistique mais plutôt une année d'études dans un établissement d'enseignement supérieur dont on parle ici. Le **programme Erasmus**, le plus connu en Europe, permet de recevoir un financement. Les universités disposent presque toujours d'un service ou d'une personne ressource capable de renseigner les étudiants.

Formation continue et financement des séjours adultes

Les adultes ont la possibilité de partir en séjour linguistique dans le cadre de la formation professionnelle. Les frais pédagogiques peuvent en effet être pris en charge dans le cadre du **compte personnel de formation** (CPF) qui remplace le droit individuel à la formation (DIF) depuis le 1er janvier 2015, sous réserve d'éligibilité. Les frais d'hébergement ne sont pas systématiquement pris en charge et **un financement personnel d'une partie du séjour est presque toujours nécessaire**.

Il est indispensable, pour commencer, de faire le point sur vos droits dans ce domaine. Pour cela, vous devez vous rapprocher du service des ressources humaines de votre entreprise ou du service comptabilité. Cela vous permettra de savoir combien d'heures de formation vous avez acquis. Ces heures sont ensuite multipliées par un taux horaire qui varie d'un organisme de prise en charge à un autre, d'une entreprise à une autre. La somme ainsi obtenue indique le montant global de prise en charge auquel vous avez droit.

LE COMPTE PERSONNEL DE FORMATION

Le compte personnel de formation est une nouvelle modalité d'accès à la formation créée par la loi relative à la formation professionnelle, à l'emploi et à la démocratie sociale. Il a pour ambition d'accroître le niveau de qualification de chacun et de sécuriser le parcours professionnel.

I. QUI ?
Toutes les personnes engagées dans la vie active, indépendamment du statut :
- les salariés du privé ;
- les personnes sans emploi, inscrites ou non à Pôle emploi ;
- les jeunes sortis du système scolaire obligatoire, en recherche d'emploi.

II. QUOI ?

Le compte personnel de formation est ouvert pour toute personne âgée d'au moins seize ans, qu'elle soit en emploi, à la recherche d'un emploi ou accompagnée dans un projet d'orientation et d'insertion professionnelle. Ces nouveaux droits acquis au titre du CPF sont attachés à la personne. Ainsi, les heures de formation inscrites sur le compte demeurent acquises en cas de changement de situation professionnelle ou de perte d'emploi de son bénéficiaire.
À noter : Le CPF remplace le DIF (droit individuel à la formation) à compter de janvier 2015. Les heures non consommées au titre du DIF pourront être mobilisées pendant cinq ans dans le cadre du nouveau compte.

III. COMMENT ?

1. Alimentation du CPF

Le compte personnel de formation est alimenté en heures de formation chaque année et, le cas échéant, par des abondements complémentaires, selon des modalités précises.
Le compte permet de capitaliser des heures de formation à raison de 24 heures par an jusqu'à 120 heures, puis de 12 heures jusqu'à la limite de 150 heures au total. Pour un temps partiel, les heures sont calculées à due proportion du temps de travail effectué.
Le compte peut également être abondé par un accord d'entreprise, un accord de branche ou un accord conclu par les organisations syndicales de salariés et d'employeurs signataires de l'accord constitutif d'un organisme collecteur paritaire agréé (OPCA) interprofessionnel.
Dans les entreprises de 50 salariés et plus, un abondement supplémentaire de 100 heures est accordé au salarié qui n'a pas eu les entretiens professionnels auxquels il a droit et s'il n'a pas bénéficié d'au moins deux des trois actions suivantes :

• une formation ;
• une progression salariale ou professionnelle ;
• l'obtention d'éléments de qualification/certification par la formation ou la validation des acquis de l'expérience (VAE).

À noter : La période d'absence du salarié pour un congé de maternité, de paternité, d'adoption, de présence parentale, de soutien familial ou un congé parental d'éducation est intégralement prise en compte pour le calcul de ces heures.

2. Mobilisation du compte personnel de formation

C'est le salarié qui prend l'initiative d'utiliser son compte personnel de formation afin de concrétiser son projet de formation.

Si la formation se déroule hors du temps de travail, ou si elle vise l'acquisition du socle de connaissances et de compétences, ou lorsqu'elle fait suite à un abondement complémentaire de 100 heures, le salarié n'a pas besoin de l'autorisation de son employeur.

Lorsque la formation est suivie en tout ou en partie pendant le temps de travail, le salarié doit recueillir l'accord préalable de l'employeur. L'employeur lui notifie sa réponse dans un délai de 30 jours. L'absence de réponse de l'employeur vaut acceptation.

Le refus par le salarié de mobiliser son compte personnel n'est jamais fautif.

3. Quelles sont les formations éligibles au compte personnel de formation pour les salariés ?

Les formations éligibles sont :

- l'acquisition d'un socle de connaissances et de compétences ;
- l'accompagnement à la validation des acquis de l'expérience (VAE).

Les partenaires sociaux définissent les formations au niveau national dans chacune des branches professionnelles et au niveau interprofessionnel. Les partenaires sociaux régionaux définissent les formations éligibles au niveau interprofessionnel régional.

Ces formations permettent d'accéder à un diplôme, un titre professionnel, une certification, un certificat de qualification professionnelle (CQP), des habilitations, etc. Elles constituent la liste des formations éligibles pour un titulaire.

4. Comment sont-elles financées lorsque le crédit d'heures est insuffisant ?

Le compte personnel de formation peut faire l'objet d'abondements en heures complémentaires qui peuvent être financées par :

- l'employeur lorsque le titulaire du compte est salarié ;
- son titulaire ;
- un OPCA en application d'un accord de branche ou, à défaut, un OPCA interprofessionnel ;
- un OPACIF (organisme paritaire collecteur agréé pour le financement du congé individuel de formation) chargé de la gestion du congé individuel de formation ;

• l'organisme en charge de la gestion du compte personnel de prévention de la pénibilité ;
• l'État ;
• les régions ;
• Pôle emploi ;
• l'Agefiph.

Découvrez le site moncompteformation.gouv.fr. Salariés, personnes en recherche d'emploi, employeurs ou professionnels de l'emploi et de la formation professionnelle, ce site s'adresse à vous.

Source : ministère de l'Emploi et de la Formation professionnelle, www.emploi.gouv.fr/.

Formations et financement spécifiques pour les enseignants

Pour les professeurs des écoles et les professeurs du second degré ou du supérieur, il est possible de présenter des dossiers dans le cadre de programmes européens.
Le ministère de l'Éducation nationale et le ministère de l'Enseignement supérieur et de la Recherche encouragent la mobilité de leurs personnels enseignants (et non enseignants), même si ces deux administrations se heurtent bien souvent à des contraintes budgétaires assez fortes, de sorte que les demandes sont souvent bloquées faute de moyens.

Les personnels intéressés doivent se rapprocher soit d'un inspecteur soit de l'Agence Erasmus[5], qui s'appelait auparavant Agence Europe

5. www.agence-erasmus.fr.

Éducation. Plusieurs types de séjours sont possibles : stages d'observation, échanges de postes, formation linguistique (notamment pour les professeurs qui souhaitent enseigner leur discipline en anglais au lycée et à l'université).

Quelques repères pédagogiques

Test de niveau

Bien souvent, la première matinée du séjour linguistique est consacrée à un test de niveau ou test de positionnement qui permet aux professeurs de répartir les nouveaux participants dans des groupes homogènes. Ce test génère parfois un stress parfaitement inutile car il permet seulement d'avoir un aperçu de vos connaissances linguistiques. Selon les écoles, le test peut se présenter sous différentes formes :
• le plus souvent, il s'agit d'un questionnaire à choix multiple avec vérification des savoirs lexicaux et linguistiques (grammaire et conjugaison). C'est un procédé qui permet d'avoir une idée des connaissances acquises mais pas forcément du niveau réel car être très bon en grammaire ne veut pas dire qu'on est forcément très à l'aise pour s'exprimer à l'oral ;
• dans des cas plus rares, le test est complété par un bref entretien, précisément pour voir comment l'étudiant se débrouille lorsqu'il doit s'exprimer de manière spontanée et informelle.

Les étudiants sont donc placés dans des groupes mais dès la première semaine, un professeur peut observer qu'une personne se démarque de ses *classmates* et peut donc le faire passer dans un groupe supérieur ou inférieur, après en avoir parlé au *Academic Director*.

Les étudiants qui restent dans un programme pour plusieurs semaines ou mois ne vont bien entendu pas rester dans le même groupe. **Les conditions de passage d'un groupe à un autre sont un autre point auquel il faut prêter attention.** Dans certaines écoles de langues, on change de groupe de manière automatique toutes les quatre, six, huit semaines... Cela facilite énormément l'organisation matérielle des salles, des emplois du temps, de la répartition des enseignants... mais c'est un non-sens sur le plan pédagogique.

Dans d'autres écoles au contraire, ce sont les progrès réalisés par les étudiants, évalués objectivement par les enseignants, qui servent à déterminer si le passage dans le niveau supérieur est possible ou non. Le fait de rester dans un niveau plus longtemps n'est donc pas une punition, mais bien un gage de sérieux. L'organisme que vous avez sélectionné aura pris soin de vérifier cela et pourra vous rassurer sur ce point. De votre côté, vous ne devez pas hésiter à signaler à votre professeur que vous trouvez les cours peut-être un peu trop faciles ou au contraire trop difficiles.

Les niveaux d'apprentissage

Entre le « je suis nul en anglais » et la célèbre formule « anglais lu, écrit et parlé », il est difficile de savoir comment se positionner. L'introduction du Cadre européen commun de référence pour les langues (CECR) par la Commission européenne il y a quelques années permet de mieux se situer. Le CECR définit trois niveaux d'apprentissage d'une langue, marqués A, B et C. Chacun d'eux est divisé en deux, ce qui représente un total de six niveaux. Le niveau A1 correspond au premier niveau d'apprentissage d'une langue étrangère et le niveau C2 correspond au niveau le plus élevé.

Utilisateur expérimenté	**C2**	Peut comprendre sans effort pratiquement tout ce qu'il/elle lit ou entend. Peut restituer faits et arguments de diverses sources écrites et orales en les résumant de façon cohérente. Peut s'exprimer spontanément, très couramment et de façon précise et peut rendre distinctes de fines nuances de sens en rapport avec des sujets complexes.
	C1	Peut comprendre une grande gamme de textes longs et exigeants, ainsi que saisir des significations implicites. Peut s'exprimer spontanément et couramment sans trop apparemment devoir chercher ses mots. Peut utiliser la langue de façon efficace et souple dans sa vie sociale, professionnelle ou académique. Peut s'exprimer sur des sujets complexes de façon claire et bien structurée et manifester son contrôle des outils d'organisation, d'articulation et de cohésion du discours.
Utilisateur indépendant	**B2**	Peut comprendre le contenu essentiel de sujets concrets ou abstraits dans un texte complexe, y compris une discussion technique dans sa spécialité. Peut communiquer avec un degré de spontanéité et d'aisance tel qu'une conversation avec un locuteur natif ne comportant de tension ni pour l'un ni pour l'autre. Peut s'exprimer de façon claire et détaillée sur une grande gamme de sujets, émettre un avis sur un sujet d'actualité et exposer les avantages et les inconvénients de différentes possibilités.
	B1	Peut comprendre les points essentiels quand un langage clair et standard est utilisé et s'il s'agit de choses familières dans le travail, à l'école, dans les loisirs, etc. Peut se débrouiller dans la plupart des situations rencontrées en voyage dans une région où la langue cible est parlée. Peut produire un discours simple et cohérent sur des sujets familiers et dans ses domaines d'intérêt. Peut raconter un événement, une expérience ou un rêve, décrire un espoir ou un but et exposer brièvement des raisons ou explications pour un projet ou une idée.

Utilisateur élémentaire	**A2**	Peut comprendre des phrases isolées et des expressions fréquemment utilisées en relation avec des domaines immédiats de priorité (par exemple, informations personnelles et familiales simples, achats, environnement proche, travail). Peut communiquer lors de tâches simples et habituelles ne demandant qu'un échange d'informations simple et direct sur des sujets familiers et habituels. Peut décrire avec des moyens simples sa formation, son environnement immédiat et évoquer des sujets qui correspondent à des besoins immédiats.
	A1	Peut comprendre et utiliser des expressions familières et quotidiennes ainsi que des énoncés très simples qui visent à satisfaire des besoins concrets. Peut se présenter ou présenter quelqu'un et poser à une personne des questions la concernant – par exemple, sur son lieu d'habitation, ses relations, ce qui lui appartient, etc. – et peut répondre au même type de questions. Peut communiquer de façon simple si l'interlocuteur parle lentement et distinctement et se montre coopératif.

En France, les objectifs d'apprentissage en langues dans le système scolaire sont à présent tous adossés à cette échelle depuis l'adoption du Plan de rénovation des langues vivantes :
• le niveau A1 est attendu des élèves en fin d'école primaire, puisque l'enseignement d'une langue étrangère est à présent obligatoire dès le CE1, même si dans les faits, les disparités sont très grandes et tous les jeunes n'ont pas accès à cet enseignement ;
• le niveau A2 est attendu des élèves en cours de scolarité au collège, c'est le niveau de référence pour la LVI pour le diplôme national du brevet (DNB) ;
• le niveau B1 est attendu des élèves en fin de seconde ;
• le niveau B2 est le niveau de référence pour les épreuves écrites et orales du baccalauréat. Le niveau **B2 est souvent le niveau de**

référence pour de nombreux concours (écoles de commerce, fonction publique...) ;
• le niveau C1 est attendu des élèves de la filière L, notamment dans les compétences orales.

Les écoles d'anglais à l'étranger utilisent la terminologie suivante :
• A1 : *starter/beginner* ;
• A2 : *elementary* ;
• B1 : *pre-intermediate* ;
• B2 : *intermediate* ;
• C1 : *high intermediate* ;
• C2 : *advanced*.

Certaines écoles utilisent des échelles plus riches, pouvant aller jusqu'à dix niveaux. Cela présente un intérêt non négligeable : le temps de passage d'un groupe à un autre est plus réduit, ce qui a des effets très positifs sur les participants qui sont ainsi encouragés dans leur progression à intervalles plus réguliers.

Les assurances

Les participants qui achètent un séjour linguistique doivent impérativement prendre toutes les assurances nécessaires pour se protéger en cas de problème. Certes, c'est une ligne supplémentaire dans les dépenses mais assez légère au regard de la facture totale et qui peut, en cas de complication pendant le séjour, vous éviter de dépenser une fortune. Les assurances peuvent aussi vouloir connaître la durée du séjour car elles sont parfois limitées dans le temps. Prenez soin de regarder, pour chacune d'elle :
• le montant de la **franchise** que vous devrez régler quoi qu'il arrive ;
• les **cas d'exclusion** (notamment bien vérifier que ce qui semble acquis sur le territoire français l'est bien aussi dans le lieu où se déroule le séjour linguistique) ;

• ce qui est dit au sujet de l'**avance des frais** : devrez-vous régler pour être remboursé ou bien pouvez-vous simplement transmettre les factures pour une prise en charge directe de votre assureur ?

L'assurance annulation

L'assurance annulation permet d'annuler le séjour et prévoit un remboursement en fonction du nombre de semaines qu'il reste avant la date de départ selon des modalités clairement énoncées. **L'assurance annulation doit être prise au moment de l'inscription et ne peut pas être ajoutée quelques semaines avant le départ** : soit vous partez du principe (assez raisonnable) selon lequel « on ne sait jamais ce qui peut arriver » et vous préférez payer l'assurance pour être totalement tranquille, soit vous préférez économiser quelques euros mais s'il se passe quoi que ce soit qui vous empêche de partir, vous ne pourrez pas être remboursé.

L'assurance médicale

Consultation chez un généraliste, un dentiste, un ophtalmologiste, achat de médicaments sur ordonnance, admission à l'hôpital, examens médicaux... autant de situations pour lesquelles le fait d'avoir une bonne assurance vous fera économiser de l'argent et surtout vous épargnera des lourdeurs administratives et le stress qui va avec. Il est important que le **rapatriement** soit inclus.

En matière d'assurance médicale, il faut distinguer les séjours linguistiques qui se déroulent à l'intérieur de l'Union européenne et ceux qui se déroulent à l'extérieur de l'Union européenne. Avant votre départ au sein de l'Union européenne, procurez-vous la **carte européenne d'assurance maladie**. Elle vous permettra d'attester de vos droits à l'assurance maladie et de bénéficier d'une prise en charge sur place de vos soins médicaux, selon la législation et les formalités en vigueur dans le pays de séjour.

Si le séjour linguistique se déroule en dehors de l'Union européenne, l'assurance médicale est plus que jamais indispensable, surtout si vous allez dans un pays comme les États-Unis. Un simple accident de voiture peut entraîner des frais d'hospitalisation facturés directement par l'hôpital, un examen médical facturé par les médecins, et le transport en ambulance facturé par les secours qui sont intervenus sur place. Le simple fait d'aller se faire soigner une carie ou d'aller chez un médecin généraliste peut coûter plus de 100 dollars, ce qui laisse imaginer les sommets atteints en cas d'hospitalisation. Il est donc indispensable d'avoir une assurance médicale avec un plafond de prise en charge élevé, au moins égal à 100 000 euros peut-on lire dans plusieurs articles sur le sujet.

Les documents doivent être rédigés en anglais pour pouvoir être compris par les médecins et le personnel administratif en charge du dossier médical.

Les autres assurances à prévoir

Il faut bien entendu partir avec votre attestation de responsabilité civile. Pensez également à l'**assurance voiture** si vous envisagez de conduire pendant votre séjour à l'étranger. Pensez bien entendu à être en possession de votre permis de conduire et, pour certains pays, de votre **permis de conduire international**. (Il convient alors se rapprocher de la préfecture et de remplir le formulaire CERFA spécifique, accompagné des pièces justificatives.)

3. Les séjours linguistiques pour les jeunes participants

Les jeunes (collégiens et lycéens) représentent la majorité des participants inscrits en séjours linguistiques. Chaque été, ils sont des milliers à partir pour apprendre une langue étrangère, découvrir une nouvelle culture et rencontrer de nouvelles personnes. Ils peuvent vivre une expérience exceptionnelle et très bénéfique à condition qu'elle soit sérieusement préparée. On observe également **l'essor des séjours linguistiques de courte durée pendant les vacances de la Toussaint** (pour des mises au point qui semblent nécessaires dès le début de l'année) ou les **vacances de février et Pâques** (à l'approche des examens et des concours).

Séjour individuel vs séjour accompagné

Lorsqu'on parle de séjours jeunes, il existe deux types de séjours : les séjours accompagnés et les séjours individuels.

Le séjour accompagné

Le séjour accompagné signifie que le séjour linguistique commence à un point de rendez-vous fixé par l'organisme : la gare ou l'aéroport la plupart du temps. L'accompagnateur du séjour est présent avec la liste des participants. Il vérifie qu'ils ont bien avec eux les documents indispensables (passeport et attestations d'assurances notamment).

Les avantages

Un séjour accompagné rassure souvent les parents qui savent que leur enfant ne voyage pas seul et qu'en cas de problème, les jeunes ont avec eux un accompagnateur référent qui parle français (et anglais aussi... normalement). C'est d'autant plus rassurant lorsqu'un jeune part pour la première fois à l'étranger. Les familles n'ont pas à s'occuper de réserver des billets de train ou d'avion, tout est compris dans le prix du séjour.

Les limites

L'accompagnement a d'abord un coût financier et un séjour accompagné, à prestations équivalentes, sera plus cher qu'un séjour non accompagné. Lorsque des jeunes se retrouvent au point de départ indiqué, un groupe de Français se constitue immédiatement avant même l'arrivée sur les lieux et l'expérience montre que même s'ils ont des occasions de se mêler aux autres nationalités, ils ont tendance naturellement à rester entre jeunes de même nationalité.

Il faut également tenir compte du moyen de transport utilisé. Un aller-retour en bus pour l'Angleterre est moins cher qu'un aller-retour en avion, c'est une évidence. Mais lorsque ce bus s'arrête dans plusieurs villes pour récupérer à chaque étape de nouveaux participants, c'est autant de jours « perdus » pour ceux qui sont dans le bus depuis le début. Ainsi, un séjour de deux semaines peut se trouver diminué d'office de presque deux journées et d'autant de nuitées sur le lieu du séjour en début et en fin de programme, ce qui explique des prix parfois inférieurs. **Il faut donc bien faire la différence entre le nombre de jours « total » et la durée réelle sur place.**

Le séjour individuel

À l'inverse, le séjour individuel propose des prestations purement linguistiques : le séjour commence lorsque le participant arrive à destination et s'arrête lorsque le jeune a été déposé à son point de départ.

Les avantages

Un séjour individuel, on l'a dit, sera *a priori* moins cher qu'un séjour accompagné, à prestations égales. Le fait de faire voyager un jeune mineur n'est pas un problème.

Cela peut générer parfois un peu d'inquiétude chez les parents qui laissent partir leur enfant, parfois pour la première fois, sans eux. C'est la raison pour laquelle **les compagnies aériennes ont mis en place une option UM** (*Unaccompanied Minors*/mineurs non accompagnés) :

« En avion, les enfants âgés de 4 à 11 ans, voire de 5 à 14 ans selon la destination et la compagnie, doivent obligatoirement être déclarés et voyager en tant qu'UM (*Unaccompagnied Minors*/mineurs non accompagnés). Prenez soin d'effectuer votre réservation plusieurs semaines avant le départ – surtout en périodes de vacances scolaires – car dans chaque avion, les places UM sont contingentées. En effet, le personnel de bord doit pouvoir prendre en charge les mineurs avec toute la vigilance nécessaire. Quel que soit le vol, et quel que soit son âge, le mineur devra, par ailleurs, être en possession d'une carte d'identité ou d'un passeport à son nom propre[1]. »

Par ailleurs, pour les mineurs, l'accueil/transfert est presque toujours obligatoire pour des raisons légales : une fois arrivé à l'aéroport ou à la gare, le jeune est attendu par un membre de l'équipe locale ou par une compagnie de taxis privés mandatée par l'école. Dès qu'il a récupéré son sac et passé le contrôle à la frontière, le jeune n'est donc jamais seul.

1. « Comment faire voyager un enfant seul en avion ou en train ? », Capital, 9 octobre 2013.

Les limites

Les parents doivent donc réserver eux-mêmes le billet de train ou d'avion une fois que le séjour a été confirmé par l'organisme : le seul fait de s'inscrire en ligne ou par téléphone ne suffit pas, il faut toujours attendre au moins 24 heures pour que l'école confirme la disponibilité à l'organisme de séjours linguistiques que vous avez sélectionné.

Les séjours individuels peuvent ne pas convenir à des participants très jeunes, à des participants plus introvertis, ou à des jeunes habitués à être très encadrés à la maison. Certains participants peuvent par ailleurs trouver l'intégration plus difficile s'ils sont dans un séjour où est arrivé un groupe de Français. Mais les activités sportives et culturelles et les visites étant nombreuses, l'intégration se fait très rapidement. Par ailleurs, le jeune en question ne doit pas oublier que les autres se sont rencontrés au mieux quelques heures auparavant seulement.

Les séjours pour les très jeunes participants (moins de 12 ans)

Il existe une littérature très riche sur l'enseignement précoce des langues et plusieurs chercheurs ont mené des études sur l'âge à partir duquel il serait bon de commencer l'apprentissage d'une langue étrangère. Les professionnels expliquent de la même manière qu'ils reçoivent de plus en plus de demandes de séjours linguistiques pour des très jeunes participants. Il n'existe pas d'âge légal pour envisager un séjour linguistique : c'est donc aux parents, en concertation avec leur enfant, de chercher une solution qui offre un cadre particulièrement sécurisant, encadré et motivant.

Les avantages

Les séjours linguistiques dédiés à ce jeune public sont construits de manière adaptée : la partie cours est moins longue le matin et les savoirs sont réinvestis et utilisés « en contexte » dans les activités de l'après-midi, particulièrement variées (chant, spectacle, dessin, cuisine, concours sportifs, ateliers...) :
« Les organismes prévoient d'ailleurs une pédagogie plus ludique, adaptée à ce public : "Le matin ils ont généralement 1 h 30 de cours de langues et l'après-midi ils pratiquent l'oral en faisant de la cuisine, en préparant un spectacle ou en créant un petit film… Il existe aussi des séjours à thème, autour d'Harry Potter, par exemple", décrit Gérald Soubeyran. Et pour satisfaire l'exigence élevée des parents en matière de sécurité, l'encadrement des élèves est renforcé : "On compte généralement un adulte pour trois à cinq enfants, ça favorise l'ambiance cocooning[2]." »

En France, certains organismes proposent des séjours en immersion dans des camps ou directement chez le professeur : c'est une manière de pratiquer l'anglais qui rassure les parents car l'éloignement est plus réduit. Cela peut être une solution idéale pour un premier séjour.

Les limites

Ces séjours impliquent avant tout des assurances en termes d'encadrement et de sécurité. Il faut aussi se préparer à gérer l'éloignement ce qui, pour les jeunes comme pour les parents, peut se révéler parfois difficile.

---

2. Delphine Bancaud, « Les séjours linguistiques pour les tout-petits en pleine progression », 20 minutes, 14 avril 2013.

urs en *one-to-one* chez le professeur

Le séjour chez le professeur est **la solution la plus personnalisée et, bien souvent, la plus coûteuse.** Votre enfant est nourri, logé et blanchi au domicile de son enseignant(e) et de sa famille et il reçoit des cours particuliers (10 à 20 heures par semaine selon les formules choisies).

Les avantages

Alors que dans une école de langues, les enseignants préparent à l'avance leurs cours en fonction du niveau du groupe qui leur est confié, le professeur construit ici ses cours au jour le jour, en adaptant le contenu, les thèmes, les supports, les activités et les points de grammaire en fonction du niveau de son étudiant, de ses centres d'intérêt et de ses besoins :
« Souvent présenté comme le "*must*" du séjour linguistique, le séjour chez le professeur est l'une des méthodes les plus efficaces pour progresser en anglais en un minimum de temps[3]. »

Selon les formules, le séjour comprend des activités en plus des cours : visites de musées, d'expositions, cinéma, théâtre, shopping... toujours sous l'encadrement du professeur, pour parler anglais même en dehors des heures de cours. Pour des jeunes un peu timides, cette méthode est aussi excellente car elle permet de prendre la parole sans la crainte du regard des autres, ce qui constitue un élément majeur de blocage dans le système scolaire français dans des classes souvent surchargées.

Le professeur peut être marié et ne pas avoir d'enfants, il peut s'agir d'une famille recomposée ou monoparentale : les enseignants qui interviennent dans ce genre de programme ont fait

3. Émilie Cochaud, « Séjours chez le professeur : l'anglais 100 % personnalisé », *Vocable*, 23 janvier 2015.

l'objet d'une enquête de moralité et d'une vérification complète de leurs diplômes et de leur expérience professionnelle. L'organisme vous communiquera un profil d'enseignant en prenant en compte certaines des demandes que vous aurez formulées au préalable. Avec certains organismes, vous serez en mesure de dire si vous validez ou non la proposition, dans d'autres vous n'aurez en revanche pas le choix. Autre élément de comparaison : le délai de communication des coordonnées du professeur et de sa famille. Dans certains cas, ces informations vous parviennent peu de temps avant votre départ alors que dans d'autres cas, moins nombreux, ces informations vous sont communiquées quelques jours après votre inscription.

Pour diminuer le coût de cette formation sur mesure et pour éviter un dépaysement trop radical, certains organismes proposent enfin des formules en *two-to-one* : deux élèves chez le même enseignant, qui assistent au cours en même temps. Cela n'est possible que si les deux participants ont un niveau d'anglais très proche. Dans le cas contraire, le professeur ne pourrait pas s'occuper des deux élèves en même temps.

Les inconvénients

Pour certains parents, cette formule ne convient pas car elle ne permet pas à leur enfant de rencontrer d'autres jeunes étrangers. Pour d'autres, elle ne convient pas car la liste (parfois très longue) d'exigences attendues dans la famille du professeur n'est pas complètement satisfaite. Le plus souvent, c'est le coût d'une telle formation qui constitue l'obstacle principal.

Les séjours en collège et en campus

Les séjours en collège britannique ou en campus américain sont particulièrement appréciés des jeunes participants et de leurs parents. Non seulement ils reçoivent des cours d'anglais mais ils peuvent en plus passer plusieurs semaines dans des lieux qui représentent de véritables symboles : le collège traditionnel d'Harry Potter ou le gigantesque campus américain tel qu'on le voit dans les films et séries télévisées.

Les avantages

Chaque été, ces lieux sont loués aux écoles de langues qui peuvent y organiser leur programme junior pendant plusieurs semaines, typiquement de début juillet à mi-août. Les séjours en collège ou campus vont rarement au-delà car les écoles et les universités reprennent alors possession des lieux et s'apprêtent à accueillir leurs propres élèves ou étudiants pour la nouvelle année scolaire.

Les limites

Tous les campus et tous les collèges ne présentent pas les mêmes conditions de confort : certains sites sont particulièrement anciens, parfois mal isolés et les jeunes peuvent se plaindre du froid en hiver ou de la chaleur en été. Tous n'ont pas non plus le même niveau d'équipement : certaines installations sportives sont parfois un peu dépassées. Le mélange des nationalités varie d'un programme à un autre. Enfin, parce que les campus doivent préparer la rentrée de leurs propres étudiants, les programmes sont souvent contraints de fermer dès le milieu voire le début du mois d'août.

Anglais + activités spécifiques

Pendant les vacances d'été, les organismes de séjours linguistiques proposent des séjours à dominante sportive ou culturelle qui offrent un très intéressant mélange de cours d'anglais et d'ateliers ou d'activités menés en anglais. Parmi les plus fréquents :
• anglais + cuisine (on travaille alors sur les ingrédients, sur les méthodes de cuisson, sur le matériel spécifique...) ;

• anglais + sports (un sport en particulier comme le surf, le tennis, le golf, l'équitation... ou multisports...) ;
• anglais + arts (cinéma, chant, danse, dessin... on travaille sur une œuvre ou un auteur/compositeur/créateur puis on participe à la réalisation d'un travail personnel ou collectif...).

Durant l'hiver, les offres de séjours linguistiques « anglais + ski » en Suisse, en Autriche et au Canada remportent un franc succès[4]. Les jeunes participent le matin à des cours d'anglais et ils sont l'après-midi sur les pistes de ski encadrés par des professionnels qui parlent exclusivement anglais et le soir, ils participent à des activités également en anglais.

Les avantages

Le mélange cours d'anglais et activités sportives ou culturelles présente deux intérêts incontestables : il permet aux jeunes de pratiquer l'anglais en dehors des heures de cours tout en pratiquant un de leurs centres d'intérêt. On le sait, s'exprimer en anglais dans le cadre d'un atelier, quand ce n'est pas un cours est un excellent moyen de progresser, de prendre confiance et de gagner en aisance et en assurance.

Les limites

Ces séjours impliquent tout d'abord des garanties très sérieuses en matière d'encadrement et de coaching : certaines des activités proposées (rafting, sports de combat) nécessitent l'intervention de professionnels reconnus et diplômés, habilités à encadrer des jeunes participants pour lesquels l'anglais n'est pas la langue maternelle.

4. Sophie Carquain, « Do you speak ski ? », Madame Figaro, 21 décembre 2013.

Le « *summer camp* »

De nombreux *summer camps* se déroulent chaque année aux États-Unis ou au Canada, souvent en présence de nombreux jeunes natifs et de seulement quelques étrangers.

Les avantages

Le *summer camp* permet de vivre une immersion complète, souvent en pleine nature, dans un environnement particulièrement séduisant. L'emploi du temps est très dense et les jeunes n'ont pas le temps de s'ennuyer, passant d'une activité à une autre. Le fait d'être entouré de jeunes natifs implique un usage exclusif de l'anglais.

Les limites

Le *summer camp* ne propose pas toujours de cours d'anglais, ce qui reste un élément fondamental lorsqu'on part en séjour linguistique. Pour être parfaitement intégré, le jeune participant doit donc avoir un bon niveau d'anglais dès son arrivée. Les conditions de confort sont parfois spartiates : c'est un élément qui doit être clairement exposé avant le départ pour ne pas être déçu à l'arrivée.
Dans certains camps, la dimension éducative et religieuse est particulièrement affirmée : c'est la raison pour laquelle l'expertise d'une agence spécialisée est indispensable.

Les séjours en immersion en famille, sans cours

Un séjour en immersion en famille signifie que votre enfant va passer deux à quatre semaines (parfois plus) dans une famille australienne, irlandaise, canadienne, américaine, anglaise en pleine immersion. Dans la plupart des cas, ce sont des séjours sans cours d'anglais. Ce séjour ne doit donc pas être confondu avec le séjour *en one-to-one* chez le professeur.

Les avantages

Un séjour en immersion en famille est un excellent moyen de découvrir une culture étrangère de l'intérieur. C'est aussi l'assurance que votre enfant va devoir parler anglais et utiliser ce qu'il a appris à l'école. Il va donc pratiquer son anglais et nécessairement apprendre de nouveaux mots, de nouvelles expressions mais la famille ne va pas assurer des cours à proprement parler. Le séjour peut déboucher sur un échange et il n'est pas rare que le jeune étranger soit invité l'été suivant dans la famille française.

Les limites

Les parents français ont parfois des critères très précis pour le choix des familles d'accueil : il doit y avoir un papa et une maman, un enfant du même âge qui partage les mêmes centres d'intérêt, il ne peut pas y avoir de chats car leur enfant est allergique, il est musicien donc il faut qu'il y ait un piano dans la maison et il aime nager donc il faut également qu'il y ait une piscine... Il est possible de formuler une liste de souhaits mais les organismes s'engageront rarement à ce que tous ces critères soient satisfaits. Le principe de l'immersion à l'étranger est de s'adapter à un environnement différent et non de façonner un environnement pour qu'il ressemble à son quotidien. Le jeune musicien nageur pourra passer un excellent séjour même sans piano et sans piscine. **Ce séjour est sans doute celui qui nourrit le plus d'attentes alors que c'est une formule très basique sur le plan des prestations.**

Les voyages scolaires

Des professeurs de langue, mais pas seulement, ont encore le courage d'organiser des voyages scolaires à l'étranger. Les récents textes officiels encouragent la mobilité des élèves et on peut donc espérer que de prochaines réformes viendront faciliter le travail des enseignants et des établissements. Les professeurs peuvent quoi qu'il en soit compter sur le soutien d'une structure administrative dédiée pour les conseiller dans chacune des académies : ce sont les **délégués académiques aux relations européennes et internationales et à la coopération (DAREIC)** :

« L'ouverture internationale des établissements scolaires est un axe important de la politique de formation du ministère. Cette activité a été confortée par la création des délégués académiques aux relations internationales et à la coopération (Daric), puis des délégués académiques aux relations européennes et internationales et à la coopération (Dareic), qui assurent la coordination des activités académiques dans ce domaine.

« Il s'agit d'échanges de classes, d'activités internationales dans les établissements techniques et professionnels, de perfectionnement linguistique d'enseignants, de soutien pédagogique à des établissements étrangers et d'appariements d'établissements[5]. »

Les avantages

Le voyage scolaire est une merveilleuse opportunité pour des jeunes d'aller découvrir une ville ou une région, accompagnés de leur professeur de langue et souvent d'un ou plusieurs de ses collègues. Si le voyage scolaire est plus souvent culturel que linguistique, il donne lieu à un travail pédagogique en amont et au retour qui donne réellement du sens au voyage. Les voyages scolaires sont souvent plus abordables et il n'est pas rare que les établissements organisent en interne des événements pour financer le séjour.

Les limites

Du côté de l'enseignant, le travail de préparation est énorme : on voit souvent cela comme une activité naturelle du professeur de langue alors qu'elle n'a en réalité rien de naturel puisqu'il n'est pas

---

5. www.education.gouv.fr/cid1013/un-relais-dans-les-academies-les-dareic.html.

un professionnel du tourisme d'une part, il va donc devoir passer énormément de temps au montage du dossier d'autre part et bien souvent il n'est pas rémunéré pour l'organiser malgré le surcroît de travail. C'est sans doute là les raisons qui expliquent que ces initiatives sont en baisse :
« "Bonnes vacances", lance la maman de Rémi, en partance pour la capitale avec toute sa classe de CE2. De quoi faire enrager l'instituteur qui vient de terminer l'appel. En effet, **malgré des airs de colo, les voyages scolaires n'ont rien d'une sinécure**, notamment pour les accompagnateurs ! Ce serait oublier les mois de préparation et de tracasseries administratives en amont, la surveillance et la responsabilité des enfants pendant le séjour, et tout le travail pédagogique effectué en aval[6]. »

La scolarité à l'étranger

Par scolarité à l'étranger, nous entendons une période de plusieurs mois dans un pays anglophone dans un établissement étranger. Nous n'aborderons pas ici les scolarités à l'étranger dans des établissements français, par exemple dans le cadre d'une expatriation.

La scolarité à l'étranger intéresse le plus souvent les collégiens et les lycéens français. Il est important de bien connaître le système scolaire dans les pays concernés et les classes dans lesquelles votre enfant va être intégré.

6. Anne Mascret, « Le voyage scolaire est-il en voie de disparition ? », www.letudiant.fr, 24 janvier 2008.

En France	En Angleterre	Aux États-Unis
6e	Year 7	6th grade
5e	Year 8	7th grade
4e	Year 9	8th grade
3e	Year 10	9th grade
2e	Year 11	10th grade
1re	Year 12	11th grade
Terminale	Year 13	12th grade

Les avantages

La scolarité à l'étranger peut être un choix judicieux pour plusieurs catégories d'élèves :

• les élèves précoces, qui ne trouvent pas leur place dans un système français assez rigide ;

• les élèves en difficulté qui sont noyés dans plusieurs matières et qui ont du mal à tenir le rythme imposé par des emplois du temps parfois extrêmement lourds, notamment au lycée. Aux États-Unis par exemple, collégiens et lycéens ont rarement cours après 15 heures. Ils sont parfois même libérés avant pour aller participer à des activités culturelles ou sportives ;

• des jeunes très intéressés par les pays anglophones et qui souhaitent non seulement progresser en anglais mais aussi découvrir une culture étrangère de l'intérieur. Il faut le savoir, le jeune « étranger » accueilli par une école est très vite « la star » de l'établissement et tout le monde veut le/la rencontrer et discuter avec lui/elle.

L'une des principales différences s'observe dans l'emploi du temps des jeunes. Par exemple, en Angleterre, dans les établissements privés, les élèves peuvent avoir des heures de travaux dirigés le soir pour faire leurs devoirs, en présence d'un ou de plusieurs professeurs. Il existe de nombreuses *Boarding schools* (pensionnats), ce qui veut dire que les jeunes sont souvent éloignés de leur famille la semaine et la retrouvent durant le week-end ou bien lors des vacances scolaires.

Les limites

Il faut avant tout souligner que la scolarité à l'étranger implique **de longues discussions avec le professeur d'anglais, le professeur principal et la direction de l'établissement scolaire français** : c'est une démarche encore peu répandue, qui peut parfois faire peur et qui peut se solder par une fin de non-recevoir. Concrètement, on peut indiquer à la famille que l'idée d'une scolarité à l'étranger est acceptable mais que, puisqu'il n'existe pas d'équivalences systématiques, le jeune devra reprendre son cursus là où il s'est arrêté. Cela reste sans doute un des chantiers sur lesquels les instances européennes vont devoir travailler.

Le choix de l'établissement au sein duquel se déroulera cette scolarité est une question délicate. Il convient de revenir sur une différence essentielle qu'il est culturellement difficile d'appréhender depuis la France. Lorsqu'on parle d'enseignement public et privé en France, il n'y a en réalité pas une grande différence :
• les programmes pédagogiques sont les mêmes ;
• les méthodes à mettre en œuvre par les professeurs sont clairement énoncées dans des instructions officielles communes aux deux systèmes et contrôlées par les mêmes inspecteurs ;
• les professeurs passent le même concours (ce que beaucoup ignorent) et sont tous recrutés et rémunérés par l'État : aucun enseignant n'est rémunéré par un établissement comme dans un établissement privé anglophone.

Dans les pays anglophones, une école privée est beaucoup plus, voire totalement, indépendante : elle recrute elle-même ses enseignants qu'elle rémunère et elle dispose d'une plus grande liberté sur le plan pédagogique. C'est réellement une « entreprise ». L'écart entre l'enseignement public et l'enseignement privé est donc très grand et **le prix d'une scolarité à l'étranger peut atteindre des sommets si vous souhaitez placer votre enfant dans une école privée**.

L'exclusion d'un séjour linguistique

Si le séjour linguistique est presque toujours associé aux vacances, à la bonne humeur, aux activités de découverte et de détente et à l'apprentissage de l'anglais, il ne faut pas oublier qu'il se déroule dans un cadre légal précis et que les jeunes participants s'engagent, par l'intermédiaire du contrat que leurs parents ont signé, à respecter certaines règles.

Les centres ont tous des règlements intérieurs spécifiques avec en général deux niveaux de sanction. Un **rappel à l'ordre** est adressé au participant (ainsi qu'à l'agence avec laquelle il est venu pour qu'elle en informe la famille) lorsqu'il tient des propos racistes, sexistes ou homophobes, lorsqu'il est l'auteur de moqueries répétées qu'un autre étudiant peut considérer comme du harcèlement, lorsqu'il fume alors que c'est interdit...

Un rappel à l'ordre est en général accompagné d'une exclusion de plusieurs activités et le jeune en question doit alors rester « dans les bureaux » avec le personnel pendant que ses camarades partent en excursion ou en visite. L'ensemble de l'équipe locale en est normalement informé et tout autre débordement fera l'objet d'une sanction plus sérieuse et pourra déboucher sur l'**exclusion du participant**. D'autres motifs peuvent avoir cette conséquence immédiate, notamment les problèmes liés à l'achat ou à la consommation d'alcool, et tout ce qui peut relever des relations sexuelles.

Lorsqu'un jeune est exclu d'un séjour, l'agence en informe immédiatement les parents qui n'ont pas d'autre choix que d'organiser eux-mêmes dans l'urgence le vol retour, à leurs frais. L'exclusion d'un jeune ne peut en général pas donner lieu au remboursement du séjour mais les parents peuvent bien entendu contester cette exclusion. En cas de refus d'organiser le retour de leur enfant, le jeune sera alors placé, comme le prévoit la loi, aux autorités judiciaires jusqu'à ce que les parents viennent le récupérer sur place. Ce cas de figure extrême a parfois besoin d'être rappelé à des parents qui estiment qu'ils n'ont pas à aller chercher leur enfant : dans ce cas, l'agence n'a d'autre choix que de le remettre aux autorités judiciaires.

4. Les séjours linguistiques pour les étudiants et les adultes

Les étudiants représentent une part très importante des participants dans les écoles de langues :
« Reste que si les étudiants sont de plus en plus nombreux à se tourner vers ces formations, c'est parce que beaucoup jugent l'enseignement de l'anglais dans leur cursus universitaire insuffisant. Au ministère de l'Enseignement supérieur, on s'en préoccupe. Et on assure que, dans le cadre du plan "*Réussir en licence*", l'accent a été mis sur les langues vivantes. En attendant, l'écart continue de se creuser entre les exigences de plus en plus élevées des employeurs et le niveau d'anglais fourni par l'université[1]. »

Ces mêmes écoles accueillent également des adultes. Les participants adultes doivent donc s'attendre à être avec une population parfois très jeune (notamment l'été) pendant les cours. Cela peut poser des problèmes : certaines écoles l'ont bien compris et ont mis en place des **séjours spécialement dédiés aux adultes et aux *executives*** en ne prenant des participants qu'à partir de l'âge de 25 ou 30 ans.

Séjour en *one-to-one* (cours particuliers)

Le séjour en *one-to-one* pour étudiants et adultes est, comme pour les jeunes participants, la solution la plus personnalisée.
Il peut se présenter sous deux variantes :
- le séjour en *one-to-one* chez le professeur ;
- le séjour en *one-to-one* en école de langues.

1. Anne Claire Gentihalon, « Dans la jungle des écoles d'anglais », Libération, 29 mars 2011.

Le séjour en one-to-one *chez le professeur*

Cette formule consiste en l'hébergement en pension complète dans une chambre située au domicile de l'enseignant et de sa famille, cours particuliers (de 10 à 30 heures par semaine) et parfois sorties organisées par le professeur pour parler anglais en dehors des heures de cours. C'est un excellent moyen de bénéficier d'une visite guidée de la ville, d'assister à une exposition, d'aller au cinéma et d'échanger ensuite de manière spontanée avec le professeur dans un contexte totalement informel et décontracté. Les centres d'intérêt du participant ou sa profession peuvent aider le professeur à choisir les visites qu'il va inscrire dans le calendrier de la semaine.

Le séjour en one-to-one *en école de langues*

Les cours particuliers ont lieu selon un calendrier défini à l'avance dans les locaux d'une école de langues. Le participant a choisi un logement indépendant, en résidence ou en studio et n'est donc pas « en immersion » chez son professeur en dehors des heures de cours. Cela peut donner davantage de liberté et de temps pour aller explorer la ville ou la région.

Comme pour les jeunes participants, la formule en *two-to-one* est possible : deux élèves et un professeur. Vous pouvez ainsi prendre des cours avec votre conjoint, un membre de votre famille, un ami ou un collègue. La seule condition à ce *two-to-one* est que les deux participants aient un niveau d'anglais très proche, afin que le programme pédagogique établi par le professeur puisse s'adapter aux deux participants.

Séjour « anglais semi-intensif » ou « séjour intensif » ?

Pour répondre aux priorités de chacun et s'adapter aux budgets, les étudiants et les adultes qui partent en séjour linguistique peuvent choisir différents types de programmes pédagogiques. Il est évident qu'un programme intensif sera plus formateur qu'un programme classique ou semi-intensif. Ces appellations ne veulent toutefois pas dire la même chose d'un organisme à un autre :
• un séjour classique peut comprendre entre 10 et 15 heures de cours par semaine ;
• un séjour semi-intensif peut comprendre entre 15 et 20 heures de cours par semaine ;
• un séjour intensif comprend de 20 à 30 heures de cours par semaine.

Les séjours classiques ou semi-intensifs sont parfaits pour allier apprentissage de l'anglais et vacances ou découverte de la ville et de la région. Ils offrent aux participants de réelles plages de temps libre. Les séjours intensifs mettent clairement l'accent sur l'apprentissage de l'anglais. Lorsque des adultes font des demandes de formations, financées par leur employeur ou par un organisme, il est préférable de choisir une formule intensive car il est probable qu'un financement pour un séjour qui laisse trop de temps libre soit refusé.

Typiquement, les cours d'anglais ont lieu le matin et les participants peuvent visiter la ville l'après-midi mais de nombreuses écoles proposent un emploi du temps par rotation : les cours ont lieu de manière alternée le matin et l'après-midi avec un changement d'un jour sur l'autre ou d'une semaine sur l'autre. D'autres centres, moins nombreux, proposent des tarifs réduits pour celles et ceux qui acceptent de **ne suivre des cours que l'après-midi** puisque ces classes sont naturellement moins demandées, ce qui permet de réaliser **10 à 20 % d'économie** en moyenne sur les frais pédagogiques.

Semestre et année d'étude de l'anglais

Quand partir pour une si longue période ?

Les séjours linguistiques longue durée concernent presque exclusivement les étudiants. De nombreux participants et leur famille se demandent quel est le meilleur moment pour réaliser ce séjour : faut-il partir immédiatement après le bac ou bien attendre la fin de ses études ?

L'idée d'un séjour après le bac dispose de sérieux arguments :
• de nombreux élèves n'ont aucune idée de ce qu'ils souhaitent faire au niveau de leurs études et partir pendant un an leur donne un temps supplémentaire pour réfléchir à leur projet, sans perdre de temps ;
• les bénéfices sur le plan linguistique sont énormes, ce qui peut s'avérer très appréciable dans l'hypothèse d'un concours, d'une formation avec sélection ou pour certains cursus qui exigent un bon niveau d'anglais ;
• sur le plan humain et culturel, c'est aussi une expérience tout à fait unique, qui permet d'acquérir ouverture d'esprit, de faciliter l'adaptabilité. Il sera ensuite facile de valoriser ces compétences dans un CV.

Pour ceux qui sont déjà engagés dans des études supérieures, il peut sembler plus cohérent de partir après un cycle d'études : juste après le bac donc, juste après le BTS, juste après la licence... mais bien entendu rien n'interdit à un étudiant de partir en milieu de cycle avant d'avoir validé son diplôme. Il devra cependant se rapprocher des services administratifs pour vérifier que cela ne posera pas de problème lors de sa réinscription.
En juillet 2015, une nouvelle circulaire a officialisé l'année de césure dans les cursus universitaires : elle permet donc aux étudiants de partir en séjour linguistique durant leur cycle de licence ou de master tout en conservant leur statut. Voici ce que prévoit le texte :

« La période dite "de césure" s'étend sur une durée maximale représentant une année universitaire pendant laquelle un étudiant, inscrit dans une formation d'enseignement supérieur, la suspend temporairement dans le but d'acquérir une expérience personnelle, soit de façon autonome, soit au sein d'un organisme d'accueil en France ou à l'étranger.
« La césure peut être effectuée dès le début de la première année de cursus mais ne peut l'être après la dernière année de cursus. Elle devra se dérouler selon des périodes indivisibles équivalant à au moins un semestre universitaire et débutant obligatoirement en même temps qu'un semestre universitaire.
« Il est nécessaire que l'étudiant soit inscrit au sein de son établissement pendant la durée de sa période de césure. Il doit ainsi pouvoir se voir délivrer une carte afin de bénéficier du statut d'étudiant et de préserver ainsi son droit à la plupart des avantages liés à ce statut[2]. »

Les avantages d'un séjour longue durée

Les étudiants intéressés par des séjours longue durée doivent poser des questions précises à l'organisme.

• *Vais-je changer de cours automatiquement toutes les « x » semaines ?*
Vous devez choisir une agence qui travaille avec une école sérieuse qui fait changer un étudiant de groupe quand il est prêt à passer au niveau supérieur et non quand le calendrier l'exige. Nous en avons déjà parlé dans un chapitre précédent : faire passer l'étudiant d'un groupe à un autre toutes les « x » semaines est sans doute fort pratique pour une école mais cela n'a aucun sens sur le plan pédagogique.

2. Bulletin officiel, circulaire n° 2015-122 du 22 juillet 2015.

• *Vais-je bénéficier d'un traitement identique à celui d'un étudiant venu passer seulement quelques semaines ?*
Vous verrez que certains organismes proposent un suivi personnalisé aux étudiants qui restent plusieurs mois dans leur programme. Ce suivi peut prendre différentes formes mais le plus souvent, on lui affecte un professeur référent qu'il rencontre une fois toutes les deux semaines ou une fois par mois, avec lequel il peut faire le point sur les progrès réalisés et sur les difficultés à travailler.

Sur le plan pratique, demandez également s'il existe des dates de début pour les semestres (lorsque c'est le cas, l'arrivée des étudiants doit en général se faire en septembre ou en janvier/février) ou bien si un semestre peut commencer quand on veut (n'importe quel lundi de l'année).

Les écoles délivrent un certificat d'inscription et de suivi des cours et dans certains cas elles proposent des coupons de réduction pour des magasins, cafés et restaurants partenaires ou encore des cartes à tarif réduit pour les transports publics, ce qui peut s'avérer très intéressant dans certaines villes.

Lorsque les étudiants partent avec un organisme sérieux et lorsqu'ils suivent une formation de qualité, ils reconnaissent à l'unanimité que le semestre ou l'année de césure constituent « un accélérateur de réussite[3] ».

Préparer un test ou un diplôme d'anglais

Les écoles de langues proposent des séjours spécialement dédiés à la préparation de diplômes ou de tests internationaux d'anglais. C'est également l'une des nombreuses options proposées lorsqu'on suit un semestre ou une année d'étude de l'anglais à l'étranger.

3. Éric Nunès, « L'année de césure, un accélérateur de réussite », *Le Monde*, 7 juillet 2015.

Les étudiants et les adultes connaissent souvent leurs noms, mais il n'est pas toujours facile de savoir lequel préparer. Outre le choix de la certification, il n'est pas toujours évident de savoir lire les scores obtenus. Avec la réforme de la formation professionnelle entrée en vigueur au 1er janvier 2015, il est presque toujours obligatoire d'intégrer l'un de ces diplômes dans sa formation.

Le TOEIC

Le TOEIC[4] (*Test of English for International Communication*) est un test américain développé par ETS. **Le TOEIC évalue les compétences d'anglais en contexte professionnel.** Il existe deux versions du test : la version *Speaking* & *Writing* évalue les compétences de production mais la version *Listening* & *Reading*, qui évalue les compétences de réception, est la plus répandue. Le test dure deux heures et comprend deux parties, avec un total de **200 questions exclusivement sous la forme de QCM**.

La partie *Listening* dure 45 minutes et se compose de quatre séries d'exercices qui prennent appui respectivement sur des photographies, de brefs messages audio, un monologue, un dialogue.

La partie *Reading* dure 75 minutes et se compose de trois séries d'exercices. Le premier exercice est un QCM permettant d'évaluer les connaissances grammaticales et lexicales des candidats (exercice que l'on retrouve par exemple dans les concours d'entrée aux écoles de commerce). Les deux exercices suivants reposent sur des textes et des tableaux.

Les séjours linguistiques qui préparent au TOEIC sont de plus en plus rares en Angleterre depuis qu'un documentaire diffusé sur la BBC a mis en évidence des cas de fraudes dans un centre d'examen. L'affaire a fait la « une » des journaux non seulement pour la fraude en tant que telle mais aussi pour ses implications sur les systèmes de visa accordés aux étudiants étrangers : « *The Home Office has*

4. www.ets.org/fr/toeic.

suspended English language tests run by a major firm after BBC Panorama uncovered systematic fraud in the student visa system[5]. »

Le test est utilisé dans différents contextes : certains établissements d'enseignement supérieur français et étrangers l'utilisent comme test de niveau, il est aussi et surtout demandé lorsqu'on candidate à un stage ou à un emploi à l'étranger. Le score obtenu est adossé au Cadre européen.

Les scores TOEIC

945 points	Utilisateur expérimenté	C1
785 points	Utilisateur avancé	B2
550 points	Utilisateur indépendant	B1
225 points	Utilisateur élémentaire – intermédiaire	A2
120 points	Utilisateur élémentaire – débutant	A1

Le score de 785 sert souvent de référence dans les recrutements des écoles et des entreprises : on considère en effet que c'est le score à partir duquel les étudiants ou adultes sont capables de suivre un cours en anglais ou de s'intégrer en contexte professionnel sans représenter un poids pour l'entreprise.

ETS
TOEFL®
&
TOEIC®

5. "Student visa system fraud exposed in BBC investigation", BBC Panorama, 10 février 2014, www.bbc.com/news/uk-26024375.

Le TOEFL

Le TOEFL[6] (*Test of English as a Foreign Language*) est lui aussi un test américain conçu par ETS. **Le TOEFL évalue les compétences en anglais général et académique** : il s'adresse aux étudiants qui veulent aller suivre une partie de leurs études à l'étranger et notamment aux États-Unis. La version en ligne est la plus courante : c'est le TOEFL iBT.

Il comprend quatre parties (chacune est notée sur 30 points) qui évaluent la production orale et écrite ainsi que la compréhension orale et écrite. Il n'y a pas de partie spécifiquement consacrée à la langue mais les connaissances linguistiques sont indirectement évaluées dans l'ensemble des exercices, notamment dans les exercices de production.
Plusieurs exercices dans chacune des parties prennent appui sur d'autres compétences, ce qui donne toute sa spécificité au TOEFL. Ainsi, une production orale peut consister à réagir aux propos d'une personne entendus dans un fichier audio ou tout simplement à synthétiser ces propos et à donner son avis sur le même sujet.

Les examens de Cambridge

L'université de Cambridge a mis en place des examens d'anglais pour tous les niveaux du Cadre européen (CECR).

UNIVERSITY *of* CAMBRIDGE
ESOL Examinations

6. www.ets.org/fr/toefl.

• *Young Learners of English* (A1) : comme son nom l'indique, le test est destiné aux jeunes apprenants qui découvrent l'anglais. Les exercices sont ludiques et simples. Les certifications d'anglais mises en place dans certaines académies pour évaluer le niveau des élèves en fin de CM2 s'en inspirent souvent.

• *Key English Test* (A2) : ce test peut être utilisé en fin de collège pour vérifier que les élèves ont bien atteint le niveau A2 exigé dans le cadre du diplôme national du brevet (DNB).

• *Preliminary English Test* (B1) : le PET a été acheté, du moins dans son format, par le ministère de l'Education nationale qui propose aux élèves inscrits en section européenne en seconde de passer son équivalent : c'est le *Cambridge Exam Certificate*[7] (CEC).

• *First Certificate of English* (B2) : c'est en général le plus connu des examens d'anglais de Cambridge. Le niveau B2 est le niveau à atteindre en fin de lycée.

• *Certificate of Advanced English* (C1) et *Certificate of Proficiency in English* (C2) : ces deux derniers diplômes s'adressent à des étudiants exigeants, sérieux et très appliqués dans leur apprentissage de l'anglais car les exercices sont particulièrement difficiles et impliquent de connaître certaines subtilités langagières qui nécessitent un travail très approfondi.

7. www.cambridgeenglish.org/fr/exams/cambridge-english-certificate-cec/.

Les examens comportent plusieurs parties :

Niveau du CECR	Nom du certificat	Compétences évaluées				
		Compréhension orale	Compréhension écrite	Production écrite	Production orale	*English in use*
A1	*Young Learners of English*	✓	✓	✓	✓	
A2	*Key English Test*	✓	✓	✓	✓	
B1	*Preliminary English Test*	✓	✓	✓	✓	
B2	*First Certificate in English*	✓	✓	✓	✓	✓
C1	*Certificate of Advanced English*	✓	✓	✓	✓	✓
C2	*Certificate of Proficiency in English*	✓	✓	✓	✓	✓

L'IELTS

L'IELTS[8] (*International English Language Testing System*) est aussi un examen mis en place par Cambridge pour faire concurrence à son rival américain, le TOEFL. Le test académique s'adresse aux étudiants qui souhaitent s'inscrire dans un établissement d'enseignement supérieur étranger et le test général s'adresse aux étudiants et adultes qui ont d'autres projets. L'adjectif « *International* » indique que le test se veut très neutre sur le plan linguistique et culturel : variété des situations de communication et surtout variété des accents.

Le test est divisé en quatre parties qui sont chacune notée de 1 (« non-utilisateur ») à 9 (« utilisateur expert ») :

- *listening* (30 minutes) ;
- *reading* (60 minutes) ;
- *writing* (60 minutes) ;
- *speaking* (10-15 minutes).

8. www.cambridgeenglish.org/fr/exams/ielts/.

A1	
A2	
B1	4-5
B2	5,5-6,5
C1	7-7,5
C2	8-9

L'anglais pour objectifs spécifiques (*business*, droit, communication, ressources humaines, santé, tourisme...)

Se former en anglais professionnel

Les étudiants et les adultes engagés dans des domaines professionnels spécifiques demandent régulièrement à suivre des formations en ESP (*English for Special Purposes*). On trouvera, selon les cas : anglais des affaires, anglais professionnel, anglais technique ou anglais de spécialité (l'anglais de spécialité est aussi le terme qu'on utilise à l'université pour parler des études qui portent sur l'utilisation de l'anglais en contexte professionnel). Ces cours sont disponibles en école de langues et en cours particuliers avec un professeur.

Il convient avant tout de dire clairement **qu'on ne peut pas suivre des cours d'anglais appliqués à la comptabilité, au commerce international, à la finance, à l'aviation, au tourisme, à la banque, au droit, à la médecine, à la mode si on ne dispose pas au préalable de bases en anglais général.** C'est la raison pour laquelle un combiné anglais général et anglais professionnel est une solution idéale pour de nombreux participants.

Il convient de distinguer ici deux types de formations possibles :
• les formations en anglais professionnel « généralistes » : introduction au vocabulaire de l'entreprise, apprendre à rédiger des e-mails, à répondre au téléphone, à animer des réunions, à lire la presse économique... ;
• les formations en anglais technique, qui sont entièrement ciblées sur l'utilisation de l'anglais (lexique, structures, pratiques sociales et culturelles) dans un domaine particulier.

Pour ces dernières, le choix d'écoles et de formations est plus réduit et dépend notamment de la demande que reçoivent ces écoles ainsi que de la disponibilité de formateurs compétents qui ont la double casquette d'enseignant et d'ancien professionnel du secteur concerné.

Le profil et l'expérience des enseignants qui interviennent dans ces formations, ainsi que la nature de la formation, impliquent en général des coûts supplémentaires.

La **dimension interculturelle** des enseignements est toujours prise en compte lorsque la formation a été soigneusement élaborée. On sait en effet que dans le monde des affaires, nous sommes amenés à parler anglais avec des natifs, mais aussi avec des personnes d'origine indienne, asiatique, africaine, européenne... qui ont toutes des accents différents et des cultures différentes : les cours d'anglais des affaires mettent donc en avant un enseignement culturellement neutre, qui enseigne un anglais « international », sans accent particulier.

Préparer des diplômes d'anglais spécifiques

Pour l'anglais professionnel, comme pour l'anglais général, il existe des certifications qui permettent d'établir un niveau d'anglais, voire un niveau de compétences précis. Certains séjours linguistiques proposent des formations entièrement ou partiellement consacrées à la préparation de ces certifications. Parmi les plus connues, on peut citer :

- le *Business English Certificate* ;
- le BULATS.

• Le *Business English Certificate*[9] (BEC) de l'université de Cambridge. Il se décline en trois niveaux : *Preliminary* (B1), *Vantage* (B2), *Higher* (C1). Toutes les compétences sont évaluées : *listening, reading, writing, speaking.*

• Le BULATS[10] (*Business Language Testing Service*), également délivré par l'université de Cambridge.

Ce dernier connaît une progression réelle aussi bien dans les écoles de commerce que dans le monde de l'entreprise car, à la différence des autres examens, le résultat est connu dès la fin de la session du test.
Les résultats obtenus sont eux aussi adossés au Cadre européen (CECR).

Score Bulats et Cadre européen commun de référence pour les langues

A1	0-19
A2	20-39
B1	40-59
B2	60-74
C1	75-89
C2	90-100

9. Site officiel français : www.cambridgeenglish.org/fr/exams/business-certificates/.
10. Site officiel français : www.bulats.org/fr/.

Effectuer un stage en milieu professionnel à l'étranger

De plus en plus d'étudiants et quelques adultes cherchent à effectuer un stage professionnel dans une entreprise étrangère : parfois c'est obligatoire dans le cadre d'un cursus universitaire, parfois c'est une volonté de se lancer un défi personnel. Dans les deux cas de figure, une expérience professionnelle à l'étranger peut s'avérer très bénéfique pour renforcer l'employabilité et favoriser une promotion.

Chercher un stage

La recherche d'un lieu de stage dans une entreprise locale en France peut parfois prendre des allures de parcours du combattant. Les choses sont encore plus compliquées lorsqu'on doit chercher une entreprise dans un pays étranger. Il est possible de prendre contact directement avec des entreprises dans les villes qui vous intéressent : cela va impliquer un temps de recherche considérable sans aucune assurance de réponse de la part des entreprises, c'est un peu chercher une aiguille dans une botte de foin, mais certains étudiants y parviennent, notamment lorsqu'ils ont un profil d'excellence.

Les organismes de séjours linguistiques proposent eux aussi ce type de programmes parce qu'ils ont les bons contacts sur place qui leur garantissent de trouver un stage pour le participant. Il est rare cependant que l'organisme s'engage sur le secteur dans lequel le stage sera proposé. L'organisme de séjours linguistiques facture alors légitimement des **frais de recherche et de suivi de stage ou frais de placement** puisque c'est lui qui va effectuer les recherches à votre place et que vous n'aurez par conséquent rien à faire.

Les candidats doivent **préparer un CV et des lettres de motivation en anglais** et s'entraîner à passer un entretien téléphonique (ou par Skype) si leur dossier est retenu lors d'une première sélection.

S'il est possible de se faire aider dans la rédaction des documents écrits, il n'est pas possible de cacher son niveau d'anglais réel pendant un entretien vidéo ou même audio. Il existe de nombreux ouvrages et sites Internet qui permettent de préparer ces dossiers de candidature et qui donnent aux candidats tout le vocabulaire spécifique qui leur sera nécessaire.

Rechercher un stage en anglais

Offre d'emploi	*Job offer/job ad*
Candidater	*To apply*
Candidature	*Application*
Temps plein	*Full time*
Temps partiel	*Part time*
Stage	*Internship/training*
Diplômes	*Diplomas/degrees*
Bac	*End of high school diploma*
Licence	*License degree*
Master	*Master's degree*
Doctorat	*PhD*
CV	*Cv/résumé*
Lettre de motivation	*Cover letter*
Entretien d'embauche	*Job interview*

Ce qu'il faut savoir avant de se lancer

La première erreur fréquente est de penser qu'on va progresser en anglais sur son lieu de stage. C'est en effet partir du principe que l'employeur va « naturellement » prendre en compte la nécessité de former le stagiaire ou d'adapter le fonctionnement de l'entreprise ou du service concerné au niveau d'anglais du participant. C'est totalement faux. Si vous attendez une telle mission, il va falloir clairement l'expliciter dans le contrat qui lie les deux parties.

Il est fréquent de lire dans les lettres de motivation des candidats que le stage va leur permettre de progresser en anglais. Il est peu probable qu'un dirigeant d'entreprise, surtout dans le contexte anglo-saxon particulièrement orienté vers l'efficacité, les résultats et la vente, soit sensible à ce type d'argument. La question est plutôt comment vous, vous allez pouvoir être utile à l'entreprise, ce que vous pouvez lui apporter, ce que vous pouvez faire pour elle : vos connaissances spécifiques à son domaine d'activité, votre expérience professionnelle passée dans des entreprises françaises ou étrangères...
Le niveau d'anglais au début du stage est essentiel : **si vous ne disposez pas d'un niveau d'anglais au moins équivalent à un B2** (soit 785 points au TOEIC), vous pouvez considérer que **votre intégration professionnelle va être plus laborieuse** et que les tâches qui vous seront confiées ne correspondront pas trop ou pas du tout à votre domaine de spécialité et resteront très basiques (serveur, archivage, entretien...).

Le cadre législatif doit lui aussi être bien étudié et notamment les démarches impliquant l'obtention d'un **visa**. Il appartient aux participants de se renseigner par Internet et de demander des renseignements complémentaires aux organismes de séjours linguistiques qui, par l'intermédiaire de la presse spécialisée et des fédérations professionnelles, sont tenus informés des modifications qui peuvent avoir lieu dans un pays ou un autre. On peut ici prendre l'exemple du Programme vacances travail (PVT) qui permet à des étrangers de venir travailler 12 mois en Australie[11] : ce programme convient particulièrement à des personnes ayant déjà un bon niveau d'anglais mais un étudiant qui ne possède qu'un niveau intermédiaire sera confronté à de sérieuses difficultés. Plusieurs autres pays participent à ce projet comme par exemple la Nouvelle-Zélande, le Canada, Singapour, la Corée du sud...

11. www.ambafrance-au.org/Visa-Vacances-Travail-VVT.

Volontariat

Le volontariat est une forme spécifique de séjour linguistique qui nécessite une forte motivation et un profond désir de s'investir dans une cause reconnue d'utilité publique. Il s'agit de participer à un projet global dont le but est d'améliorer les conditions de vie des habitants. **Il requiert une implication et une motivation de chaque instant.** Plusieurs domaines peuvent ainsi être concernés : l'éducation et la santé, le travail agricole, la protection de l'environnement et d'espèces animales en danger, la construction et l'entretien d'infrastructures. Ils peuvent se dérouler dans des pays comme le Canada, l'Inde ou l'Afrique du Sud.

Des cours de langue sont en général proposés au début de séjour pour donner tous les outils nécessaires à une communication efficace pendant le séjour. Un niveau intermédiaire est en effet indispensable pour pouvoir participer activement au projet (niveau B1 validé minimum). Ce type de séjour ne peut s'adresser qu'à des jeunes qui ne comptent pas leurs heures et qui ont un réel esprit d'initiative.

Séjour « au pair »

Une expérience professionnelle avant d'être un séjour linguistique

Partir au pair constitue une expérience spécifique. Le terme de séjour linguistique n'est pas forcément le plus approprié même si on le range dans cette catégorie. Le séjour au pair est au moins autant culturel que linguistique. Il s'agit pour la jeune fille d'être logée et nourrie au sein d'une famille en échange de services dans un pays étranger.
La jeune fille (ou le jeune garçon) au pair peut avoir différentes missions à accomplir : garde d'enfants, aller chercher les enfants

à l'école, préparer leurs repas, parfois du baby-sitting. D'autres missions sont encore possibles comme enseigner les bases de sa langue maternelle aux enfants.

Les bénéfices d'une expérience au pair sont nombreux :

- une immersion culturelle au plus près pour découvrir et comprendre comment des étrangers vivent au quotidien ;
- une expérience professionnelle réelle, avec la très sérieuse responsabilité de devoir s'occuper de mineurs, parfois en bas âge, ce qui nécessite une attention permanente et un sérieux bien réel ;
- la possibilité de rencontrer de nombreux natifs, de discuter avec eux si votre niveau d'anglais vous le permet.

Il n'y a cependant pas de formation linguistique à proprement parler dans un séjour au pair sauf en s'inscrivant à des cours sur son temps libre, ce qui peut devenir pour le moins compliqué au regard du peu de temps et du peu d'énergie qui peut rester une fois la journée de travail terminée :
« C'est aux jeunes filles/garçons de choisir la formule (hebdomadaire) qui leur convient le mieux : 20 heures de cours et 20 heures de travail dans la famille d'accueil, ou bien 4 heures de cours et une trentaine d'heures de garde… Les agences qui le proposent travaillent avec des écoles de langues locales chargées de sélectionner les familles d'accueil et d'assurer un soutien auprès des jeunes en cas de problème[12]. »

Il convient d'insister sur le fait que si les parents travaillent beaucoup et voyagent (c'est au départ, la raison pour laquelle ils font appel à une jeune fille au pair), la participante passera l'essentiel de son temps avec des jeunes enfants dont les capacités de communication peuvent être encore limitées s'ils sont en bas âge.

12. « Partir au pair, pour quoi faire ? », Studyrama, 16 mars 2009.

La nécessité de bien définir les règles du jeu dès le départ

Il existe un texte de référence adopté par le Conseil de l'Europe en 1969 : c'est l'Accord européen sur le placement au pair, dont voici quelques extraits :

« Article 2 : Le placement au pair consiste en l'accueil temporaire, au sein de familles, en contrepartie de certaines prestations, de jeunes étrangers venus dans le but de perfectionner leurs connaissances linguistiques et, éventuellement, professionnelles et d'accroître leur culture générale par une meilleure connaissance du pays de séjour.

« Article 4 : La personne placée au pair ne sera pas âgée de moins de 17 ans, ni de plus de 30 ans. Toutefois, à titre exceptionnel et sur demande justifiée, des dérogations peuvent être accordées par l'autorité compétente du pays d'accueil en ce qui concerne la limite d'âge supérieure.

« Article 6 : Les droits et devoirs de la personne placée au pair et de la famille d'accueil, tels qu'ils sont définis dans le présent Accord, font l'objet d'un accord écrit, à conclure entre les parties en cause sous forme d'un document unique ou d'un échange de lettres, de préférence avant que la personne au pair n'ait quitté le pays où elle résidait ou au plus tard au cours de la première semaine de son accueil.

« Article 8 : La personne placée au pair reçoit nourriture et logement de la famille d'accueil ; elle dispose, dans la mesure du possible, d'une chambre individuelle. La personne placée au pair bénéficie d'un temps suffisant pour suivre des cours de langue et se perfectionner sur le plan culturel et professionnel ; toutes facilités en ce qui concerne l'aménagement des horaires lui sont données à cette fin. La personne placée au pair dispose au minimum d'une journée complète de repos par semaine, dont au moins un dimanche par mois, et a toute possibilité de participer aux exercices de son culte. La personne placée au pair reçoit, à titre d'argent de poche, une certaine somme dont le montant et la périodicité de versement seront déterminés par l'accord visé à l'article 6.

« Article 10 : Toute partie contractante énumère, en les mentionnant à l'annexe I au présent Accord, les prestations qui seront garanties à toute personne placée au pair sur son territoire en cas de maladie, de maternité et d'accident. »

Encore une fois, c'est tout l'intérêt de passer par des professionnels en France qui sont là pour vous mettre en garde, vous aider à bien définir le projet et à préparer un contrat qui soit en mesure de satisfaire les deux parties, la famille-employeur et vous-même.

TEXTE MODÈLE APPROUVÉ PAR LE COMITÉ DES MINISTRES DU CONSEIL DE L'EUROPE LE 18 JANVIER 1972

Accord portant sur un placement au pair conclu conformément aux dispositions de l'Accord européen sur le placement au pair du 24 novembre 1969

Le présent accord, pour un placement au pair, est conclu entre « l'hôte » ci-après désigné :
- (M.) ou (Mme) .... (nom)
- domicilié(e) à .... (adresse complète)

et « la personne au pair » ci-après désignée :

- (nom) ....
- né(e) le ....
- à ....
- de nationalité ....
- domicilié(e) à ....

et (si la personne au pair est mineure) son représentant légal :
....

I. CONDITIONS GÉNÉRALES

La personne au pair sera reçue dans la famille de l'hôte, pour une durée de .... mois/non déterminée (rayer la mention inutile), dans les conditions précisées ci-après. Durant la période envisagée, il sera laissé à la personne au pair la possibilité de perfectionner ses connaissances, notamment linguistiques en langue .... et d'accroître sa culture générale.

Le présent accord prend effet le ....

II. OBLIGATIONS DE L'HÔTE

II.1. L'hôte s'engage à accueillir la personne au pair dans sa famille et à la faire participer à la vie familiale courante ; à cet égard, il fait les déclarations suivantes dont la personne au pair prend acte.

Sa famille se compose de .... personnes, dont .... adultes, ... garçons, âgés de ...., ... filles, âgées de ....

Sa famille habite dans une maison individuelle/un appartement(rayer la mention inutile) qui comporte .... pièces, y compris .... salle(s) de bains, situé(e) à .... d'un centre commercial, (distance), ... d'un établissement d'enseignement où il existe des cours appropriés de ....

Profession de l'hôte : ....

Profession du conjoint de l'hôte : ....

Il emploie, à son foyer, le personnel de maison suivant

....

La langue normalement employée dans la famille est

....

II.2. L'hôte procurera à la personne au pair la nourriture et le logement ; il mettra à sa disposition une chambre convenable individuelle/une chambre qu'elle partagera avec .... (rayer la mention inutile).

II.3. En outre, l'hôte versera à la personne au pair chaque semaine la somme de .... à titre d'argent de poche.

II.4. L'emploi du temps sera aménagé de façon à permettre à la personne au pair de suivre des cours et de parfaire sa culture et ses connaissances linguistiques.

II.5. La personne au pair bénéficiera de .... jour(s) de repos par semaine et de toutes facilités pour l'exercice de son culte.

II.6. (Pour cette disposition, les autorités de chaque pays devraient adopter un texte convenant aux circonstances, en s'inspirant des versions proposées ci-dessous qui pourront être adaptées aux conditions nationales ou même combinées entre elles.)
L'hôte s'engage à affilier la personne au pair au régime de sécurité sociale qui garantira les prestations ....
ou
L'hôte contractera une assurance privée pour assurer à la personne au pair les prestations ....
Les primes s'élèvent à .... par mois. Elles seront intégralement/pour moitié (rayer la mention inutile) prises en charge par l'hôte.

II.7. En cas de maladie de la personne au pair, l'hôte continuera à lui assurer le logement et la nourriture et lui garantira tous les soins appropriés jusqu'à ce que les arrangements nécessaires aient pu être pris.

III. OBLIGATIONS DE LA PERSONNE AU PAIR

III.1. La personne au pair s'engage à participer aux tâches familiales courantes en fournissant les prestations suivantes .... (énumérer de façon précise les occupations pour lesquelles on utilisera les services de la personne au pair) durant .... heures par jour.

III.2. La personne au pair s'engage à remplir les formalités nécessaires pour que l'hôte puisse s'acquitter de l'obligation définie au paragraphe II.6 du présent accord.

III.3. La personne au pair s'engage à produire sans délai le certificat médical visé à l'article 5 de l'Accord européen sur le placement au pair.

IV. DISPOSITIONS DIVERSES

IV.1. Si le présent accord a été établi pour une durée non déterminée, chacune des deux parties pourra le résilier moyennant un préavis de 2 semaines.

Indépendamment de la durée, déterminée ou non, en cas de faute lourde de l'une des parties, l'autre partie pourra immédiatement y mettre fin. Chacune des parties pourra également y mettre fin immédiatement lorsque des circonstances graves l'exigent.

IV.2. Les parties sont aussi convenues de ce qui suit
....
....
....
Le présent accord est établi en trois exemplaires, dont :
- un sera conservé par l'hôte ;
- un sera conservé par la personne au pair ;
- un sera déposé auprès de ....

Si la personne au pair est mineure, un quatrième exemplaire sera remis à son représentant légal.
Fait à ...., le ....

Signature de la personne au pair ....
Signature de l'hôte ....
(si elle est mineure, signature de son représentant légal) ....
Visa de l'autorité nationale compétente, ou de l'organisme désigné par elle

Séjours linguistiques pour seniors

Les séjours linguistiques pour seniors sont en pleine expansion et la plupart des organismes proposent à présent des programmes parfaitement adaptés à ce public qui souhaite apprendre l'anglais mais aussi découvrir un pays et une culture et rencontrer de nouvelles personnes :
« 50 +, Golden Age, Club 50… Surfant sur le créneau, très porteur, de la «silver économie», les organismes de séjours linguistiques sont de plus en nombreux à proposer des programmes aux seniors qui veulent apprendre une langue étrangère en immersion.

« «L'objectif n'est pas la performance, ni d'avoir l'anglais le plus parfait, explique la prof. Mais de comprendre et de communiquer.» Et surtout de décomplexer tout le monde. Pas facile de se remettre à l'anglais quand on ne l'a pas pratiqué pendant des années[13]. »

À Malte, en Angleterre, aux États-Unis, les cours d'anglais sont en général peu intensifs (15 à 20 heures par semaine), mais le programme d'activités sociales et culturelles est bien rempli : visites de musées et de sites touristiques incontournables, ateliers cuisine, sorties cinéma, théâtre et concerts, shopping... C'est un parfait exemple de vacances intelligentes, originales et utiles.

L'hébergement

Parmi les nombreuses options qu'il vous faudra choisir, l'hébergement a son importance : même s'il ne s'agit que d'une prestation accessoire, il est essentiel de se retrouver dans un environnement qui vous permette de vous reposer et de travailler en dehors des cours, et qui soit conforme aux prestations que vous avez achetées.

L'hébergement en résidence

L'hébergement en résidence est une solution idéale pour les personnes qui veulent être totalement indépendantes. Les repas ne sont en général pas compris dans la formule et cela implique donc de déjeuner et de dîner à l'extérieur ou bien de faire des courses. En choisissant un hébergement en résidence, vous avez une idée précise du temps de transport à prévoir entre l'hébergement et l'école. L'agence de séjours linguistiques peut en outre vous montrer des photos d'une chambre type. Vous savez donc exactement, en choisissant cette solution, à quoi ressemble l'endroit où

13. Anne-Claire Genthialon, « Des seniors en séjour à l'étranger pour «perfectioning» leur anglais », *Libération*, 22 mai 2014.

vous allez rester une semaine ou plusieurs mois et vous savez que le matin et le soir, vous aurez environ tant de minutes de transport, c'est sans surprise. Le prix d'un hébergement en résidence varie selon plusieurs facteurs :

- le standing de la résidence ;
- l'emplacement de la résidence ;
- le nombre de lits dans la chambre ;
- la ville.

Le standing de la résidence : certaines disposent d'équipements haut de gamme tels qu'une laverie, une salle de *fitness*, une piscine, un gardien, un café, un coin cuisine permettant de préparer ses repas... et seront naturellement plus coûteuses qu'une résidence « standard ».

L'emplacement de la résidence : une localisation en plein cœur de Londres ou de New York implique des prix qui peuvent être deux fois supérieurs au prix de résidences plus éloignées mais pour lesquelles il faudra ajouter le coût (et le temps) des transports quotidiens. La proximité de la résidence par rapport à l'école est un autre élément : si vous pouvez vous rendre à pied à l'école depuis la résidence ou en seulement quelques stations de métro ou de bus, cela a un coût.

Enfin, le nombre de lits dans la chambre est inversement proportionnel au tarif. Le confort a un prix, surtout dans des grandes villes qui sont par excellence les lieux où se déroulent les séjours linguistiques. Du moins cher au plus cher, vous pourrez choisir l'une ou l'autre de ces options :

- chambre individuelle avec salle de bains privée ;
- chambre individuelle avec salle de bains partagée ;
- chambre double ou triple avec salle de bains privée ;
- chambre double ou triple avec salle de bains partagée.

La ville est elle aussi un critère déterminant : le coût de la vie et les prix de l'immobilier ne sont pas les mêmes à Londres et à Bristol par exemple.

Pour les *executives*, certains organismes réservent des studios indépendants.

L'hébergement chez l'habitant

L'hébergement chez l'habitant est souvent la formule la plus abordable. Il s'agit d'être logé chez un particulier qui met à votre disposition, pendant une durée définie, une chambre individuelle ou double selon votre choix. Le petit-déjeuner est presque systématiquement inclus et bien souvent, il s'agit même d'une demi-pension avec le repas du soir inclus. Concrètement donc, l'habitant en question s'engage contractuellement sur deux points : vous fournir un lit et s'assurer que vous avez de quoi petit-déjeuner et dîner... avec ou sans lui !

En effet, il ne faut **pas confondre hébergement chez l'habitant et séjour en immersion** : c'est pourtant un malentendu très fréquent. L'habitant n'est pas un professeur, il n'est pas là pour vous faire la conversation, pour parler avec vous, pour corriger vos fautes. Bien entendu, il est fort probable que vous partagiez plusieurs repas avec lui et sa famille s'il en a une mais contrairement à ce que l'on peut parfois lire, l'hébergement chez l'habitant n'implique pas nécessairement des progrès plus rapides et ne doit pas être confondu avec un séjour en immersion que seul le *one-to-one* chez le professeur apporte.

S'il est moins cher, l'hébergement chez l'habitant a aussi des inconvénients à bien prendre en compte :
• Vous ne savez pas à l'avance où se situera la maison ou l'appartement. C'est la raison pour laquelle les organismes proposent des options, encore une fois classées par ordre de prix : un logement dans les zones 1-2 de Londres sera plus cher qu'un logement dans

les zones 3-4. De même, un hébergement à moins de 5 miles de l'école sera plus cher qu'un hébergement situé entre 5 et 10 miles.

- Vous devez accepter certaines règles de vie imposées par les propriétaires des lieux, notamment sur l'heure des repas, sur l'utilisation de la télévision, sur les heures de rentrée pendant la nuit, sur le bruit... Il est souvent très facile, en discutant avec eux, d'arriver à définir des règles de fonctionnement fort acceptables, dictées par le bon sens, mais il faudra parfois accepter de faire des concessions car vous habitez chez quelqu'un.
- Lorsque vous choisissez une chambre partagée, n'oubliez pas de demander si l'autre personne sera d'une nationalité différente ou bien s'il peut s'agir d'un autre Français. Cela signifie que vous acceptez de partager votre chambre avec une personne qui peut être plus âgée ou plus jeune que vous, qui peut rentrer tard en pleine nuit, qui va sans doute partir pendant votre séjour et qui sera remplacée par une autre...

Loger chez l'habitant, c'est aussi indéniablement enrichir son séjour d'un point de vue culturel car vous allez obligatoirement observer : **c'est une expérience culturelle plus que linguistique.**

Se débrouiller tout seul

Dans d'autres cas plus rares, mais en augmentation, les participants peuvent décider de ne réserver que les cours d'anglais et de ne pas réserver l'hébergement en passant par l'organisme. C'est souvent le cas des adultes et des professionnels qui veulent se débrouiller eux-mêmes et qui peut-être connaissent déjà un hôtel dans la ville où se déroule leur séjour. C'est aussi le cas d'étudiants qui partent pendant une longue période et qui veulent chercher une colocation à partager avec d'autres étudiants, un peu comme on le voit dans le film *L'Auberge espagnole*.

hui possible de passer par des sites spécialisés pour
ogements indépendants classés par villes, par types
par superficie, par niveau d'équipement et par ordre

- VRBO (Vacation Rental By Owners)
www.homelidays.com/

- Homelidays
www.homelidays.com/

- AirBnB
https :fr.airbnb.com/

- Homestay
www.homestay.com

- HouseTrip
www.housetrip.com

Il est préférable, et plus logique, de ne réserver l'hébergement que lorsque le séjour a été payé et confirmé par l'organisme.

5. Après le séjour linguistique

Valoriser son expérience

De plus en plus souvent, les entreprises regardent attentivement les compétences en langues des personnes qu'elles cherchent à recruter. Le niveau en anglais et l'expérience à l'étranger sont donc des éléments fondamentaux à clairement mettre en évidence sur un CV. Certains étudiants ou adultes n'hésitent pas, si le profil du poste qu'ils convoitent le justifie, à **dédier une partie entière de leur CV aux langues et à leurs expériences à l'international** :

August-December 2014
Language Training at «XX English school», Los Angeles. Intensive program (25 hours per week), reaching B2+ level (high intermediate).
TOEIC 815 points.

La mention « anglais lu écrit parlé » n'a plus de sens aujourd'hui. À l'heure des certifications, que ce soit dans le monde universitaire ou professionnel, il est indispensable de prouver le niveau atteint et le fait d'avoir passé une **certification** pendant son séjour est un atout évident : vous veillerez donc à indiquer l'intitulé du diplôme d'anglais que vous avez validé, le nombre de points et le niveau équivalent sur le CECR. Vous devrez également indiquer la date à laquelle vous avez passé le diplôme car certains d'eux ont une **validité de deux ans uniquement**. En effet, passer le TOEIC avec un niveau C1 en 2014 ne signifie pas que vous êtes toujours au même niveau en 2016 si vous n'avez pas pratiqué l'anglais durant deux ans.

Lorsque vous indiquez sur un CV que vous êtes parti en séjour linguistique, n'oubliez pas de préciser la durée du séjour, le nombre de cours suivis, le niveau atteint en fin de séjour et joignez éventuellement une attestation délivrée à votre retour.

Un séjour longue durée, que ce soit un semestre ou une année d'étude de l'anglais ou plus encore un stage professionnel ou un volontariat ont toute leur place dans un CV. Il convient d'indiquer en quoi ont consisté ces différentes expériences mais aussi, et surtout, de mettre en avant ce qu'elles vous ont apporté : les qualités que vous avez développées, les connaissances et compétences acquises et pas seulement sur le plan linguistique :
• amélioration des compétences interculturelles : étudier une langue est une chose, découvrir comment pense et travaille une société différente en est une autre ;
• développement de compétences telles que l'autonomie, le courage, l'indépendance, l'ouverture d'esprit, la capacité d'adaptation...

Entretenir son niveau d'anglais

Les ressources disponibles

Il est aujourd'hui difficile de trouver une excuse pour échapper à l'anglais :
• films et séries télévisées en version originale (avec, idéalement, des sous-titres en anglais) ;
• paroles de chansons très faciles à imprimer ;
• podcasts gratuits et payants sur Internet ;
• chaînes de télévision britanniques ou américaines disponibles sur le câble...

Les podcasts (gratuits et payants) sont nombreux et disponibles sur Internet ou sur iTunes. Les séries télévisées sont un excellent moyen de progresser en anglais, parfois même dans des domaines techniques spécifiques, par exemple la médecine (*Grey's anatomy*, *ER*...) ou le droit (*Damages*, *The Good Wife*, *Law and order*...).

Cours et formations d'anglais

Une fois rentré en France, il serait très bénéfique de pouvoir pratiquer votre anglais avec une personne capable de vous corriger et de vous faire parler sur des sujets qui vous intéressent ou qui vous sont utiles. Dans les organismes de formation, comme pour les organismes de séjours linguistiques, les écarts de prix peuvent être très importants et dépendent de plusieurs facteurs : la ville, le type de cours suivi, les qualifications du professeur... Un cours particulier avec un professeur expérimenté et diplômé ne sera certainement pas au même prix qu'un atelier organisé dans une association de quartier, sans doute très « sympa » mais pas forcément aussi formateur. Les cours par Skype sont en général moins cher que les cours en présentiel et des séances de 30 ou 45 minutes, même ponctuelles, peuvent être une bonne solution pour ne pas perdre ce qui a été acquis durant le séjour.

Pour les adultes, la **mobilisation du droit à la formation continue** pour participer à des ateliers de conversation, des cours du soir, des formations thématiques ou des cours particuliers en *one-to-one* est toujours possible. Pour les particuliers (jeunes, étudiants ou adultes), les **cours particuliers à domicile** permettent de bénéficier d'une **réduction d'impôts de 50 %** : ainsi, pour 1 000 euros versés à votre professeur durant une année, vous recevrez une réduction d'impôts de 500 euros l'année suivante.

En cas de problème

Prévenir l'organisme dès qu'il y a un problème

Lorsque votre enfant vous signale un problème, il est important dans un premier temps de poser clairement les choses avec lui et de chercher à bien tout comprendre. L'expérience montre que certains participants, plus sensibles, souvent plus jeunes, à qui la cellule familiale manque plus particulièrement, peuvent décrire des situations de manière un peu plus accentuée qu'elles ne le sont en réalité. Il y a quelques années encore, on appelait ses parents en PCV une fois par semaine et ils recevaient une ou deux cartes postales pendant le séjour. Aujourd'hui, avec les nombreux réseaux sociaux et les nouvelles technologies, un petit coup de blues peut prendre des proportions parfois démesurées et quelques parents peuvent réagir de manière disproportionnée avant même de connaître tous les faits.
Il est donc important de contacter l'organisme et de leur demander une réponse par écrit pour vérifier l'existence du problème d'une part et demander quelle réponse y sera apportée d'autre part. On peut difficilement imaginer un organisme laisser une situation compliquée perdurer car il se placerait alors dans une situation d'illégalité si ce qui est demandé par les familles est écrit noir sur blanc dans des e-mails ou dans des documents contractuels. Un séjour linguistique sans grain de sable n'existe pas et ce qui compte avant tout, c'est la capacité d'un organisme à gérer une situation et à vous accompagner tout au long de cette situation.

La procédure de médiation

Lorsqu'une famille ou un participant estime que le séjour n'a pas respecté ses promesses en termes de contenu, il est possible de lancer une procédure de médiation. Les deux fédérations professionnelles présentées au début de ce manuel disposent de structures vers lesquelles vous pouvez vous rapprocher, en

fonction de l'appartenance de l'organisme choisi à l'un
de ces fédérations.

Parmi les obligations des adhérents à l'UNOSEL figure ainsi l'adhésion à la Médiation du tourisme et du voyage :
« La médiation est un mode de résolution amiable des litiges. Elle fait intervenir un tiers dont la mission est d'aider les parties concernées à trouver un accord. La Médiation du tourisme et du voyage, dédiée aux voyages à forfait et aux vols secs, a pour but de favoriser le règlement amiable des litiges qui peuvent survenir entre les clients et les fournisseurs de services de transport aérien, voyage et tourisme, signataires de la Charte de la médiation du tourisme et du voyage, et représentés par leurs associations.
« Indépendant et impartial, le médiateur du voyage et du tourisme est chargé de rapprocher les points de vue pour ouvrir la voie à une solution amiable et éviter ainsi de recourir à un tribunal.
« La médiation est gratuite pour les consommateurs.
« Elle obéit à des règles de confidentialité.
« Le médiateur est indépendant.
« Le délai de médiation est relativement court[1]. »

L'Office national de garantie des séjours et stages linguistiques dispose lui aussi d'une commission paritaire de médiation, « destinée à examiner les éventuels litiges concernant un organisme agréé. Participent aux travaux de cette commission des professionnels du séjour linguistique, des représentants de parents d'élèves (FCPE, l'APEL) et des associations de consommateurs agréées[2] ».

1. www.mtv.travel/.
2. www.loffice.org/fr/qui-sommes-nous/comission-paritaire-de-mediation.

Les autres recours judiciaires

Depuis quelques années, le nombre de recours augmente légèrement :
« Secrétaire général de l'APEL, l'association de parents d'élèves du privé, Hervé Jean note lui aussi «une exigence plus grande des familles et une judiciarisation plus importante». Il estime aussi que «parfois les demandes des familles sont subjectives voire déraisonnables»[3]. »

Les participants qui estiment que le séjour linguistique n'a pas été conforme en aucune manière aux prestations qu'ils ont achetées peuvent s'ils le souhaitent engager des poursuites judiciaires. Il leur faudra alors avoir recours aux services d'un avocat et, si l'organisme n'est pas français ou s'il s'agit d'une école dans le cadre d'une inscription en direct, c'est le droit étranger qui s'appliquera et c'est un tribunal étranger qui jugera l'affaire alors qu'**en passant par une agence française, c'est une juridiction française qui sera en charge du dossier**.

Il faut redire que **rien de ce qui n'est pas écrit noir sur blanc sur le contrat n'est dû**, d'où l'importance des échanges d'e-mails et l'importance de vérifier que les documents qui vous sont adressés sont contractuels : une conversation téléphonique ne suffit pas.

3. Aude Sérès, « Les mauvaises surprises des séjours linguistiques », *Le Figaro*, 20 juin 2008.

6. Questions/réponses

Pour cet avant-dernier chapitre, voici une liste de questions et de conseils relevés sur différents forums sur Internet qui méritent quelques commentaires et éclaircissements.

• *Je cherche un organisme de séjours linguistiques sérieux, lequel me conseillez-vous ?*
La recherche d'un organisme de séjours linguistiques implique de **se renseigner au préalable** auprès d'une des deux fédérations professionnelles présentées au début de ce livre : l'UNOSEL ou l'Office national de garantie des séjours et stages linguistiques. Il est toujours possible de suivre les conseils de proches qui ont eu une bonne expérience pour leur enfant ou pour eux-mêmes mais les conseils trouvés sur les forums sont peu fiables. Il vous appartient également de sélectionner quelques sites de séjours linguistiques trouvés sur les moteurs de recherche et de voir si les programmes proposés vous semblent sérieux.

• *Je viens de lire des commentaires horribles sur un organisme, je ne sais pas quoi en penser.*
Si le commentaire est particulièrement négatif, il faut d'abord voir s'il est le seul ou s'il en existe plusieurs. Lorsque les commentaires sont trop nombreux sur le même organisme, vous êtes en droit de vous poser certaines questions. Lorsque ces commentaires sont plus limités, on peut toujours se demander si ce n'est pas un commentaire déposé par un concurrent ou bien par un client qui a connu une situation qui était très spécifique et peu représentative du sérieux de l'organisme. **Il est important de se forger sa propre opinion et de ne pas se laisser influencer.**

• *Mon enfant a 10 ans, est-ce trop jeune pour le laisser partir en séjour linguistique ?*
Seuls les parents, en concertation avec leur enfant, peuvent répondre à cette question. Il existe des séjours linguistiques pour

très jeunes participants : des formules en *one-to-one* avec accueil très sécurisant, des séjours en mini-groupes pour rendre cette première expérience très positive, des séjours en France pour limiter l'éloignement... Tous ces programmes accueillent de (très) jeunes participants et portent naturellement une **attention particulière à leur confort et à leur sécurité**. Si votre enfant se sent prêt à vivre une telle expérience et si vous pensez de votre côté pouvoir surmonter l'éloignement, il ne faut pas hésiter.

• *Je veux envoyer mon enfant dans une famille : puis-je choisir une formule sans cours ?*
Bien sûr : les séjours en immersion en famille sont présents dans de nombreuses brochures et sur de nombreux sites. La famille ne propose aucun cours et votre enfant vit à son rythme durant plusieurs semaines pour vivre, de l'intérieur, une expérience unique. Il est important de rappeler cependant qu'une formule sans cours coûtera moins cher qu'une formule avec cours et que **les résultats sur le plan linguistique seront nécessairement moins significatifs**.

• *Mon enfant vient d'avoir son bac mais ne sait pas quoi faire l'année prochaine, nous pensions l'envoyer pendant un semestre ou un an à l'étranger, est-ce une bonne idée ?*
C'est une excellente idée. Il ne reste plus qu'à trouver le lieu et la formule du séjour linguistique. Il profitera de cette année pour progresser considérablement en anglais, rencontrer des jeunes venus du monde entier, découvrir un pays et un mode de vie et mieux comprendre des comportements sociaux et culturels différents des nôtres. C'est **un atout incontestable pour sa future carrière** qu'il pourra aisément mettre en avant dans son CV.

• *Je voudrais partir 24 semaines pour progresser en anglais mais je ne veux pas dépenser trop d'argent, je cherche un séjour linguistique pas cher.*
Un séjour de 24 semaines risque de coûter de l'argent et lorsqu'on veut suivre une formation sérieuse, il est difficile de ne pas payer le prix. Il faut d'office écarter les grandes villes comme Londres et

New York où le coût de la vie est très élevé et s'orienter vers des villes plus abordables, notamment en ce qui concerne l'hébergement. Il faut aussi être flexible et privilégier la qualité de la formation sur la durée : **à prix équivalent, un séjour de 16 semaines dans un programme sérieux sera plus « rentable » qu'un séjour de 24 semaines dans un programme qui ne présente pas de critères de qualité suffisants.**

• *Mon enfant est parti dans un séjour classes prépa : les professeurs étaient français et les jeunes étaient tous français.*
Les classes préparatoires sont une **spécificité française**. Il est impossible que des jeunes d'autres pays assistent à ces cours. Lorsqu'on participe à un séjour linguistique dédié à la préparation des concours tels que les écoles d'ingénieurs, les écoles de commerce et les instituts d'études politiques (Sciences Po), on ne cherche pas un séjour en immersion mais un stage intensif de révisions et d'entraînement pour se préparer efficacement à des formats très spécifiques d'épreuves écrites et orales.

• *Je vous conseille « cet organisme » : ils ne font aucune marge sur le séjour, c'est clean et fiable.*
Voilà un « non-argument » insupportable qui laisse d'abord penser que les organismes de séjours linguistiques sont des multinationales qui font des marges colossales quand, dans les faits, de nombreux organismes français sont des **PME soucieuses de proposer des produits de qualité** et de recruter des collaborateurs compétents. De nombreux organismes proposent des séjours au prix direct des écoles car ils ont négocié des accords et les participants français sont donc gagnants : ils ne paient pas plus cher et bénéficient de la protection du droit français.

• *Ce site présente plusieurs écoles pour la même ville, je ne sais pas laquelle choisir.*
Un site portail propose la liste des écoles qu'il a identifiées sur Internet. Vous pouvez donc avoir, pour des villes comme New York, Miami, Londres, Cambridge, Sydney... un très grand nombre

d'écoles. C'est ensuite à vous de vous débrouiller. À l'inverse, une agence de séjours linguistiques a choisi une école en particulier qui répond aux critères de qualité qu'elle a définis et qu'elle souhaite proposer à ses clients : elle joue le rôle d'intermédiaire pour vous proposer une qualité et un engagement.

• *Je pense donc que les familles ne font ça que pour l'argent, sans se soucier le moins du monde des progrès réalisés par les jeunes qu'elles accueillent.*
À moins de choisir un séjour en *one-to-one* chez le professeur ou bien un séjour en immersion complète en famille, il ne faut **pas attendre des familles qu'elles participent à la formation en anglais** du jeune ou de l'adulte qui a choisi de séjourner chez elle. Dans les deux premiers cas, elles s'engagent à l'accueillir et à l'intégrer (avec ou sans cours) mais dans le cas d'un hébergement chez l'habitant (pour jeunes ou pour adultes), ce n'est pas le cas.

• *J'ai choisi un hébergement chez l'habitant et la famille n'est presque jamais là, est-ce normal ?*
Oui, c'est normal. Lorsque vous choisissez un hébergement chez l'habitant, **vous choisissez seulement une formule d'hébergement**. Si les personnes chez qui vous êtes hébergé sont présentes, elles seront sans doute heureuses de discuter avec vous mais à aucun moment leur contrat n'impose un temps d'échanges avec leur hôte. Elles doivent simplement s'assurer que le petit-déjeuner (et parfois le dîner) est disponible et mettre à disposition une chambre (avec un ou plusieurs lits) et une salle de bains (privative ou partagée). La formation se déroule dans l'école de langues et non chez l'habitant. C'est une confusion fréquente mais pourtant fondamentale.

• *Mon employeur me finance un séjour linguistique à l'étranger, dois-je payer une partie ?*
De nombreuses entreprises décident d'investir dans la formation en langue de leurs collaborateurs. Elles ont bien souvent des contraintes budgétaires. Il est donc très fréquent que le finance-

ment ne couvre pas l'intégralité de la facture pour le séjour choisi. Il reste une part variable à régler et il est dommage de renoncer à une formation lorsqu'on bénéficie d'une prise en charge partielle. **Il est presque impossible d'obtenir une formation à l'étranger entièrement prise en charge.** Il est en revanche possible de diminuer la durée du séjour ou encore le nombre d'heures de cours pour faire baisser le prix du séjour et ainsi limiter la part personnelle à régler.

• *Je veux partir dans un séjour sans Français, comment puis-je faire ?*
Entre un séjour linguistique sans Français et un séjour linguistique avec trop de Français, il faut trouver le juste milieu. Il faut dans un premier temps éviter à tout prix de partir pendant les vacances scolaires françaises : lorsqu'on part pendant les vacances de la Toussaint (pendant lesquelles des milliers d'élèves et d'étudiants français sont en vacances), on ne peut pas espérer se rendre dans une école sans Français. En revanche, on peut se renseigner sur le pourcentage de Français dans cette école. Les pourcentages sont souvent généraux, pour l'année écoulée : bien entendu, durant les périodes de vacances scolaires, le taux de présence des Français sera supérieur, c'est inévitable. Mais **la qualité des cours et des activités proposées permet de réellement parler anglais** et la présence d'autres Français n'est donc pas un obstacle aux progrès réalisés.

• *Puis-je conduire à l'étranger ?*

Si vous êtes titulaire d'un permis de conduire en France, vous pourrez bien entendu conduire à l'étranger. Vous devrez être muni de votre permis de conduire français valable dans l'ensemble de l'Union européenne. Si vous envisagez de conduire hors de l'Union européenne, vous devrez être en possession du permis de conduire international qui se demande à votre préfecture. Vous veillerez à vous renseigner sur les règles spécifiques en vigueur dans les pays étrangers : la conduite à gauche en Angleterre ou encore la possibilité de tourner à droite lorsque le feu est rouge par exemple en Californie (et à condition que personne n'arrive sur votre gauche et qu'il n'y ait pas de contre-indication).

• *Je ne veux pas régler mon séjour linguistique en ligne, puis-je exiger un autre type de paiement ?*
La plupart des organismes de séjours linguistiques ont développé des interfaces qui permettent **un paiement en ligne particulièrement pratique et normalement sécurisé**. Vous pouvez également refuser de payer en ligne et demander à régler par carte bancaire par exemple ou par chèque. Pour autant, cela allongera de quelques jours le traitement de votre demande et, dans le cadre d'une demande de dernière minute, cela peut aussi vous coûter votre place.

• *Quand faut-il régler le séjour linguistique ?*
En règle générale, les organismes demandent le paiement d'un acompte pour réserver le séjour. Dans la plupart des cas, le solde doit être réglé avant le départ (parfois quatre à six semaines avant le départ). **Certains organismes se réservent le droit d'annuler votre séjour s'il n'a pas été réglé quelques jours avant le départ.**

7. Guide de survie en langue anglaise

Les phrases présentées ci-dessous peuvent parfois ne concerner que de jeunes participants ou au contraire que des étudiants et des adultes. Il s'agit de phrases que vous pourriez être amenés à utiliser ou bien à lire ou entendre et qu'il est impératif de connaître.

À la douane/à l'immigration

Je vais vous demander de remplir ce formulaire une nouvelle fois.
I am going to ask you to fill in this form again.

Est-ce que ça vous ennuie si j'ouvre votre sac ?
Do you mind if I open your bag?

Est-ce que c'est à vous ?
Is this yours?

Pour des raisons de sécurité, les sacs laissés sans surveillance seront détruits.
For security reasons, baggage left unattended will be destroyed.

À qui appartient ce sac ?
Whose bag is this?

Est-ce que vous transportez de la nourriture dans votre sac ?
Do you have any food in your luggage?

S'il vous plaît, sortez les appareils électroniques tels que les téléphones et ordinateurs portables de votre sac.
Please take all of your electronic devices, including mobile phones and laptops, out of your bag.

Est-ce que je peux voir votre passeport s'il vous plaît ?
Can I see your passport please?

J'ai besoin de voir une pièce d'identité en cours de validité.
I need to see a valid ID.

Combien de temps allez-vous rester ?
How long are you going to stay?

Quel est le motif de votre séjour ?
What is the purpose of your stay?

Est-ce que c'est votre premier séjour aux États-Unis ?
Is it your first time in the United States?

Quand est-ce que vous repartez en France ?
When are you flying back to France?

Pouvez-vous poser votre pouce sur la machine ?
Can you place your left thumb on the machine?

Je vais vous demander de retirer vos lunettes pour la photo.
I need you with no glasses on for the picture.

Vous venez souvent aux États-Unis ?
How often do you come to the United States?

Dans la famille d'accueil

Salutations

Ravi(e) de faire votre connaissance.
It's nice to see you/It's good to meet you.

Je m'appelle Laureen et voici mon fils Mark.
My name is Laureen and this is my son Mark.

Ma fille Mary est dans la voiture avec une amie et elles nous attendent.
My daughter Mary is waiting for us with a friend in the car.

Je ne veux pas que tu partes.
I don't want you to leave.

Je suis tellement content(e) d'être ici.
I am so excited to be here.

Je compte sur toi pour m'envoyer un e-mail dès que tu es arrivé(e).
Please send me an e-mail as soon as you get there.

Tu vas me/nous manquer énormément.
I am/we are going to miss you so much.

La vie de famille

Il faudra que je te réveille aux alentours de 7 h 30.
I'm going to have to wake you up at around 7:30 am.

Nous dînons en général vers 18 heures.
We usually have dinner around 6 pm.

Vous partagerez la salle de bains avec Mike.
You will share the bathroom with Mike.

Est-ce qu'il y a des aliments que tu ne manges pas ?
Is there any food you don't like?

Et si on allait au musée ce week-end ?
How about/What about going to the museum this weekend ?

Tu peux déposer ton linge sale ici. Je ferai une machine chaque week-end.
You can leave your dirty laundry here. I will do a washing machine every weekend.

N'hésite pas à me dire si tu as besoin d'autre chose.
Let me know if there's anything else you need.

Il y a d'autres serviettes ici.
There are some more towels in here.

Pour information, si tu arrives avant nous, on laisse toujours une clef sous le tapis.
Just so you know, if you are home before us, there's always a key under the door mat.

C'était un plaisir de t'avoir/vous avoir ici.
It was a pleasure to have you here.

J'espère sincèrement que nous pourrons garder le contact.
I truly hope we can keep in touch.

Au restaurant

Questions/propos du serveur

Est-ce que vous avez une réservation ?
Do you have a reservation?

Est-ce que vous désirez boire quelque chose ?
Would you like anything to drink?

Est-ce que vous êtes prêts à passer commande ?
Are you ready to order?

Le plat du jour est un poisson grillé servi avec des pommes de terre au four.
Today's special is grilled fish served with baked potatoes.

Quelle cuisson désirez-vous pour votre viande : saignant, à point ou bien cuit ?
How do you like your meat cooked : rare, medium or well-done?

C'est assez copieux et très épicé.
It's quite big and very spicy.

Est-ce que vos desserts sont faits maison ?
Are your desserts home made?

Quels parfums voulez-vous pour votre glace ?
What flavours would you like for your ice cream?

Pour information, nous n'avons plus de cheesecake à la fraise ce soir.
Just so you know, we are out of strawberry cheesecake tonight.

Questions/réponses du client

Et pour le plat principal, je vais prendre un tournedos avec des frites maison.
And for the main course, I'll have the filet mignon with home made French fries/chips.

C'est servi avec quoi ?
What is it served with?

Est-ce que vous avez des légumes vapeur ou bouillis ?
Do you have any steamed or boiled vegetables?

Est-ce qu'on peut avoir l'addition s'il vous plaît ?
Can we have the bill (GB)/check (US) please?

Est-ce que le service est compris ?
Is the service/tip included?

Je désirerais parler au responsable.
I would like to speak to the manager.

Dans un magasin

Questions du vendeur

Est-ce que je peux vous aider ?
May I help you?

Ceux-ci sont en soldes : il y a une réduction de 25 %.
These are on sale : there's a 25 % discount.

Est-ce que vous souhaitez adhérer à notre programme de fidélité ?
Would you like to join our loyalty program?

Questions/réponses du client

Est-ce que vous avez des tailles plus petites ?
Do you have smaller sizes?

Combien est-ce que ça coûte ?
How much is this?

Je ne vois pas le prix sur l'étiquette.
I can't see the price on the tag.

Où se trouve le rayon hommes s'il vous plaît ?
Where is the men's department please?

Chez le docteur

Questions du docteur

Est-ce que ça vous fait mal ?
Does it hurt?

Quand est-ce que le saignement a commencé ?
When did the bleeding start?

Est-ce que vous avez déjà eu ce problème auparavant ?
Have you had any problem like this before?

Est-ce que vous prenez des médicaments ?
Are you under medication (at the moment)?

Combien est-ce que vous pesez ?
How much do you weigh?

Je crois que vous avez de la fièvre.
I think you have a fever.

Here's a prescription for you.
Voici une ordonnance.

Questions/réponses du patient

Je saigne du nez.
My nose is bleeding.

J'ai beaucoup toussé la nuit dernière.
I coughed a lot last night.

Je voudrais un comprimé pour mon mal de gorge.
I need a pill for my sore throat.

J'ai un mal de tête assez violent.
I have a severe headache.

J'ai mal au dos.
My back hurts.

Je crois que je me suis foulé la cheville.
I think I have twisted my ankle.

Je me suis cogné le coude contre la porte et à présent j'ai cette énorme bosse.
I hit my elbow on the door and now I have this big bump.

J'ai les yeux qui grattent.
My eyes are itchy.

Dans la rue

Les indications de lieu

C'est juste derrière vous.
It's right behind you.

Je pense que c'est sur votre gauche, entre le commissariat et le musée.
I guess it's on your left, between the police station and the museum.

Vous n'avez pas le droit de vous garer ici.
Do not park here/You can't park here.

Attention à la marche.
Mind the gap.

Regardez c'est en face de la rue, à côté du magasin de chaussures.
Look, it's across the street, next to the shoe store.

Demander son chemin

Est-ce qu'on est loin de l'océan ?
How far is the ocean from here?

Est-ce que vous savez comment aller là ?
Do you know how to get there?

Combien de temps faut-il pour aller au cinéma ?
How long is it to the movie theatre?

Où se trouve la station de métro la plus proche ?
Where is the nearest subway station please?

Il faut que vous fassiez demi-tour.
You need to make a u-turn.

Rappels

Les faux amis

English	Français
Abuse	Insulte
Accommodation	Hébergement
Achieve (to)	Réaliser
Actually	En fait
Advance (to)	Faire progresser
Alter (to)	Changer
Ancient	Antique
Application	Candidature
Argument	Dispute
Attend (to)	Assister (à)
Balance	Équilibre
Bail	Caution
Benefit	Avantage
Caution	Prudence
Character	Personnage

English	Français
Charity	Organisme caritatif
Compass	Boussole
Concern	Souci
Concrete	Béton
Confidence	Confiance
Current	Actuel
Decade	Décennie
Delay	Retard
Deposit	Caution
Extra	Supplémentaire
Eventually	Au final
Fumes	Émissions de gaz
Glass	Verre
Grand	Magnifique
Habit	Habitude
Hazard	Risque
Information	Renseignement
Ignore (to)	Ne pas tenir compte
Issue	Problème
Journey	Voyage
Licence	Permis
Location	Lieu
Plant	Usine
Platform	Quai/estrade
Regard (to)	Considérer
Resume (to)	Reprendre

Vocabulaire britannique vs vocabulaire américain

Une orthographe différente pour certains mots

French	*British English*	*American English*
Analyse	*Analyse*	*Analyze*
Annulé	*Cancelled*	*Canceled*
Bijoutier	*Jeweller*	*Jeweler*
Catalogue	*Catalogue*	*Catalog*
Centre	*Centre*	*Center*
Comportement	*Behaviour*	*Behavior*
Critiquer	*Criticise (to)*	*Criticize (to)*
Fibre	*Fibre*	*Fiber*
Honneur	*Honour*	*Honor*
Infraction	*Offence*	*Offense*
Inscription	*Enrolment*	*Enrollment*
Manœuvre	*Manoeuvre*	*Maneuver*
Mètre	*Metre*	*Meter*
Monologue	*Monologue*	*Monolog*
Parfum	*Flavour*	*Flavor*
Permis	*Licence*	*License*
Pyjama	*Pyjamas*	*Pajamas*
Reconnaître	*Recognise (to)*	*Recognize (to)*
Rumeur	*Rumour*	*Rumor*
Théâtre	*Theatre*	*Theater*
Travail	*Labour*	*Labor*
Voisin	*Neighbour*	*Neighbor*
Whisky	*Whisky*	*Whiskey*

Des mots différents

French	*British*	*American*
Appartement	*Flat*	*Apartment*
Ascenceur	*Lift*	*Elevator*
Aubergine	*Aubergine*	*Eggplant*
Automne	*Autumn*	*Fall*
Biscuits	*Biscuits*	*Cookies*
Bonbon	*Sweet*	*Candy*
Camion	*Lorry*	*Truck*
Centre-ville	*City center*	*Downtown*
Cinéma	*Cinema*	*The movies*
Code postal	*Post code*	*Zip code*
Courgette	*Courgette*	*Zucchini*
CV	*Cv*	*Résumé*
Emploi du temps	*Timetable*	*Schedule*
Essence	*Petrol*	*Gas*
Étiquette	*Label*	*Tag*
Frites	*Chips*	*French fries*
Gomme	*Rubber*	*Eraser*
Hommes/femmes	*Men/women*	*Male/female*
Magasin	*Shop*	*Store*
Malade	*Ill*	*Sick*
Métro	*Tube*	*Subway*
Normal	*Normal*	*Regular*
Pantalon	*Trousers*	*Pants*
Parking	*Car park*	*Parking lot*
Placard	*Cupboard*	*Closet*

French	*British*	*American*
Proviseur	*Headmaster*	*Principal*
Publicité	*Advert*	*Commercial*
Rez-de-chaussée	*Groundfloor*	*First floor*
Robinet	*Tap*	*Faucet*
Toilettes	*Toilets*	*Restrooms/bathroom*
Trottoir	*Pavement*	*Sidewalk*

Unités de mesure

Longueur

- *1 foot* (pluriel : *feet*) = 0,3 mètre
- *1 inch* (pluriel : *inches*) = 0,025 mètre

Surface

- 50 m^2 = 538 sqft
- 100 m^2 = 1,076 sqft

Distance

- *1 mile* = 1,6 kilomètre

Températures (aux États-Unis)

- \- 10 ° C = 14° F
- 0° C = 32° F
- 10° C = 50° F
- 20° C = 68° F
- 30° C = 86° F
- 40° C= 104° F

Poids

- *1 pound (1 livre)* = 453 grammes

Vitesse

- 30 km/heure = *19 miles per hour*
- 50 km/heure = *31 miles per hour*
- 70 km/heure = *43,5 miles per hour*
- 90 km/heure = *56 miles per hour*
- 110 km/heure = *68 miles per hour*
- 130 km/heure = *81 miles per hour*

Volume

- *1 gallon* = 3,8 litres environ

Notes

Notes

34/38, rue Camille-Pelletan - 92309 Levallois-Perret cedex
Imprimerie CPI Firmin Didot - 27650 Mesnil-sur-l'Estrée
Imprimé en France - 1er trimestre 2016 (133281)

Service éditorial : Marjorie Champetier, Benjmin Dias Pereira,
Deborah Lopez, Élodie Sebbah
Conception graphique : Catherine Aubin

Dépôt légal à parution
ISBN 978-2-7590-2803-0